湘西趕屍，有「三趕，三不趕」之說。
可以趕的有三：凡被砍頭的、受絞刑的、站籠站死的；
不可趕的有三：病死的、投河吊頸自殺而亡的、雷打火燒肢體不全的。
你知道為什麼嗎？

讓人驚奇的 世界民俗風情

國家圖館出版品預行編目資料

讓人驚奇的世界民俗風情 /朱崧浩編著.
-- 初版.-- 新北市：智學堂文化，
民103.06 面； 公分. -- (神祕檔案；12)
ISBN 978-986-5819-33-0(平裝)
1.民俗 2.風俗
538　　　　　　　　103007660

神祕檔案：12

讓人驚奇的世界民俗風情

編　　著 ── 朱崧浩
出 版 者 ── 智學堂文化事業有限公司
執行編輯 ── 林美玲
美術編輯 ── 蕭佩玲
地　　址 ── 22103　新北市汐止區大同路三段一百九十四號九樓之一
　　　　　　　TEL　（02）8647-3663
　　　　　　　FAX　（02）8647-3660

總 經 銷 ── 永續圖書有限公司
劃撥帳號 ── 18669219
出 版 日 ── 2014年06月

法律顧問 ── 方圓法律事務所　涂成樞律師
cvs 代理 ── 美璟文化有限公司
　　　　　　　TEL　（02）27239968
　　　　　　　FAX　（02）27239668

PART 1
神祕民俗風情

PART 2
離奇民俗風情

PART 1

神祕民俗風情

苗疆蠱術

　　每一個喜愛中國武俠劇的人，幾乎都知道金庸作品中有一個叫藍鳳凰的苗疆姑娘。她擅於施毒、放蠱，無論你的武功多麼高強，一旦被施毒、放蠱，也就只能任其為所欲為了。

　　遠離中原的神祕苗疆，高超的巫蠱之術，令人無限神往。那麼，這傳說由來已久的苗疆巫蠱之術，到底是怎麼一回事呢？

　　蠱，相傳是一種由中國苗族人人工培養而成的毒蟲，而放蠱之術是中國古代遺傳下來的神祕巫術。

　　過去，在中國的南方鄉村裡，曾經一度鬧得非常厲害，人們談「蠱」色變，誰也不敢認為它是假的，或者是不存在的。就連那些飽讀詩書的文人學士，也煞有其事的以為有這麼一回事。

　　這其中也包括一部分的醫藥家，他們也確信其有。雖然不知道巫蠱是否是真實存在的，以及連它是什麼樣的都不知道，但是這些醫藥家們卻想出了許多治蠱或製蠱

的名堂。

《嶺南衛生方》云：製蠱之法，是將百蟲置器密封之，使牠們自相殘食，經年後，視其獨存的，便可為蠱害人。

因此，百蟲蠱的故事就流傳了下來，惡毒之人就會利用百蟲蠱來害人，一般最為常用的毒物多數為蛇。通常中蠱之人會有下面的現象：

【陰蛇蠱害人】

中毒的，不出三十日必死。初則吐、瀉、繼則肚脹、減食、口腥、額熱、面紅。重則面上、耳、鼻、肚有蠱行動翻轉作聲，大便祕結。若再加上癲腫藥，更是沒有治癒的希望。

【生蛇蠱害人】

中毒的情況與陰蛇蠱害人相似，但也有些異點。即腫起物，長二、三寸，能跳動，吃肉則止；蠱人則成形，或為蛇、或為肉鱉，在身內各處亂咬，頭也很痛，夜間更甚：又有外蛇隨風入毛孔裡來咬，內外交攻，真是無法求治。

【石頭蠱害人】

　　將石頭一塊，放在路上，結茅標為記，但不要給他人知道。行人過之，石跳上人身或肚內，初則硬實。三、四月後，更能夠行動、鳴啼，人漸大便祕結而瘦弱，又能飛入兩手兩腳，不出三、五年，其人必死。

【泥鰍蠱的害人】

　　煮泥鰍與客吃，食罷，肚內似有泥鰍三、五尾在走動，有時衝上喉頭，有時走下肛門。如不知治，則必死無疑。

【篾片蠱害人】

　　是將竹篾一片，長約四、五寸，悄悄的把它放在路上，行人過之。篾跳上行人腳腿，使人痛得厲害，久而久之，篾又跳入膝蓋去，由是腳小如鶴膝，其人不出四、五年，便會一命嗚呼。

【疳蠱害人】

　　將蛇蟲末放肉、菜、酒、飯內給人吃。亦有放在路上，踏著即入人身。入身後，藥末黏腸臟之上，弄出肚

脹、叫、痛、欲瀉、上下衝動的症狀來。

【中害神害人】

中毒後，額焦、口腥、神昏，性躁、目見邪鬼形、耳聞邪鬼聲、如犯大罪，如遇惡敵，有時便會產生自殺的念頭。

【腫蠱害人】

壯族舊俗謂之放腫，中毒後，腹大，肚鳴、大便祕結，甚者，一耳常塞。

【癲蠱害人】

取菌毒人後，人心昏，頭眩、笑罵無常，飲酒時，藥毒輒發，忿怒兇狠，儼如癲子。

在所有蠱中最有名的就是金蠶蠱了，金蠶能使人中毒，胸腹攪痛。腫脹如甕，七孔流血而死。

傳說中的金蠶蠱形狀像蠶，通體金色燦爛。唐代人認為金蠶蠱「屈如指環，食故緋錦，如蠶之食葉」，故又稱之為「食錦蟲」。

也有人說之所以以金為名是因為「每至金日,則蠱神下糞如白鳥矢,刮取以毒人」。

古代各地對蠱術的命名也不盡一致,如清代廣東香山一帶習慣將蠱術稱為「鬼藥」或「挑生」。

除以上分析的影響較大的蠱種外,還有很多蠱只具其名而內容不詳,如《本草綱目》提到蜈蚣蠱,螞蝗蠱,草蠱;明代的《渾然子》也有鼠蠱,鳩蠱的名稱。

古人劉錫蕃曾給出過中蠱之人的症狀、驗證之法和破解之法:「中蠱者,或咽喉腫脹,不能吞飲;或面目青黃,日就羸瘠;或胸有積物,咳嗽時作;或胸腹脹鼓,肢體麻木;或數日死,或數月死」。

【驗證之法】

可令其嚼生黃豆,無腥味則中蠱,在少數民族地區是在嘴裏含一塊鴨蛋白,其上插一枚銀針,如果鴨蛋白和銀針變黑,則中蠱。

【預防和解蠱方法】

凡是蛛網灰塵之家,疑為養蠱之家,忌往來;凡就食,如主人先用筷子敲一敲杯碗後盛飯的,疑為施蠱,

要特別小心可不食或道破；凡出外就食，隨身攜帶大蒜，可防蠱，蠱入酒難治，出門不飲酒可防蠱。

【解蠱破蠱的方法】

服雄黃、大蒜、菖蒲煎水，或石榴根水，可瀉毒；又云金蠶最怕刺，可入藥治蠱。古舊醫書上多均有醫蠱偏方，五花八門。

【破蠱之法】

道破，秋天苗族婦女攜布袋賣刺梨於小孩吃，多中蠱者，久為群兒識破，買時先呼而問曰：中有蠱否？答曰：無，則不為害矣。然後可購買。

其實用白話文而言，解除毒蠱的方法最普通的，是用雄黃、蒜子、菖蒲三味用開水吞服，使之瀉去惡毒。

金蠶，最怕頭嘴似鼠、身有刺的刺蝟，所以刺蝟是專治金蠶蠱的特殊藥品，其他如蜈蚣、蚯蚓，也可以用來治蠱。

一般人放蠱的目的，多半是消解怨氣，但是有時也是一種保護措施。有人怕別人偷食物，便放蠱，便盜者

立斃，相反，「殺人多者，蠱益靈。」

　　其實，多數資料上講述的放蠱事實是不可信的。有些學者傾向於認為「巫蠱」不過是某些漢人類似鬼怪的傳說，與苗人事實上並沒有太大的關係，更不可能是一種施放毒物的技術。

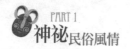

湘西「趕屍」

　　在中國，早至舊石器時代晚期（距今約一萬多年），人們就已經萌生了「入土為安」的觀念。直至今日，土葬依然是中國某些地區最常見的喪葬方式之一。然而，對於客死他鄉的遊子，「落葉歸根」可能只是種奢望了。

　　不過，在中國南方，傳說有一種特殊的方法能實現這種奢望——這就是「趕屍」，一種傳說中可以驅動屍體行走的法術。這個南方神祕之地就是湘西。

　　湘西，既有譽滿全球的張家界，也有神祕莫測的趕屍。相傳若是早些，行人在湘西神祕的山村小客店投宿，便極有可能看到死屍走路。

　　在趕屍人的專業術語中，並沒有「死屍」或「死人」的稱謂，他們將死人稱為「喜神」。而每次趕屍，必須有兩具以上的屍體，不然就不叫「趕」，叫「揹」，只要找一個膽大的人把死人揹回去就可以了。

　　若是有兩具以上的屍體，到了傍晚，「先生」就會

開始作法。設壇、點香，燒紙，對屍體如此「處理」一下，便開始出發「趕屍」。

「趕屍」一般是在夜晚進行，先將屍體用草繩一個一個串起來，每隔七、八尺遠一個，屍體頭上戴上一個高筒毯帽，額上壓著幾張書著符的黃紙垂在臉上，披著寬大的黑色屍布。

在這些屍體前，有一個手執銅鑼的活人，這個活人，當地人叫做「趕屍匠」。

其實，說是「趕屍匠」不如說是「領屍匠」，因為他是一面敲打著手中的小陰鑼，一面領著這群屍體往前走的。

他不打燈籠，手中搖著一個攝魂鈴，每搖一下鈴，手上繩子一緊，屍隊就向前走一步。

「領屍匠」搖鈴是讓夜行人避開，也是通知有養狗的人家把狗關起來。

他們所走的都是人跡罕至的荒野小徑，「先生」算好了路程，待到差不多要天亮的時候，總能找到一個專為趕屍人服務的小旅店休息。

這種神祕莫測的「死屍客店」，只住死屍和趕屍匠，一般人是不住的。

它的大門是厚重的木質黑漆門，一年到頭都開著，而且無一例外向內打開，這門背後，就是屍體靠站的地方。

因此，當地有忌諱小孩到門背後玩的習俗，應該就是源於此事。待到夜晚他們會再悄然離去，若是遇上大雨天不好走，就在店裡停上幾天幾夜。

然而湘西的趕屍，也不是什麼屍體都能趕的，這其中有「三趕，三不趕」之說。

據有關文獻記載，凡被砍頭的（須先將其身首縫合在一起）、受絞刑的、站籠站死的這三種可以趕。理由是，他們都是被迫死的，死得不服氣，既思念家鄉又惦念親人，可用法術將其魂魄勾來，以符咒鎮於各自屍體之內，再用法術驅趕他們爬山越嶺，甚至上船過水地返回故里。

凡病死的、投河吊頸自願而亡的、雷打火燒肢體不全的這三種不能趕。

其中病死的，其魂魄已經被閻王勾去了，所以法術無法把他們的魂魄從鬼門關那裡喚回來；而投河吊頸者的魂魄是「抓交替」的纏去了，而且祂們有可能正在交接，若把新魂魄招來，舊亡魂無以替代，豈不影響舊魂

靈轉生人世？

　　另外，因雷打而亡者，皆屬罪孽深重之人，而大火燒死的往往皮肉不全，這兩類屍同樣不能趕。

　　湘西的「趕屍」令人覺得特別新奇，而特別值得一提的是，這種奇特的行業，只有在湘南西部才行得通。

　　這是因為：

1、只有湘西有「死屍客店」。

2、只有湘西群眾聞見趕屍匠的小陰鑼，知道迴避。

3、湘西村外有路，而其他省路一般都穿村而過，他們當然不會准許死屍入村。

4、湘西人聞見陰鑼聲，便會主動將家中的狗關起來，否則狗一出來，便會將死屍咬爛。

　　「死人為什麼會動」，這大概是困擾大多數人的最大迷團。事實上趕屍人神祕的晝伏夜出，多半也是為了保守這個機密。

　　眾所皆知，人死後會立即僵硬，稱之為「屍僵狀態」，過48個小時後，肌體就會恢復一些柔軟，然後就又是發硬。

　　但這時大的關節，例如髖關節，在外力作用下，還是能有小幅（20度）活動的，這就是死人行走的物理條件之一。

　　把兩個屍體，排好隊，伸直前臂與地面平行，然後用長而細的竹竿順著手臂用繩索固定，這兩個屍體就連成一個立體的架子，不會翻倒了，這也是為什麼必須要至少兩個死人才可趕屍的原因。這時候如果拿一個繩子連在第一具屍體上，然後在另一頭用手輕微用力一拉，屍體在外力的作用下，就像有線木偶一樣歪歪斜斜地直腿走起來了。

　　事實上，與其說「趕」，不如說是「拖」更為貼切。從川邊到湘西，地理條件是向下傾斜的，走的一般都是向下的斜坡，勢能轉化為動能，屍體架子就能走得方便些，而這些小路，都是趕屍人精心選擇，上坡極少，真要是有了拖不過的上坡，也只好一個個揹上去了，這就是趕屍的最大奧妙。

　　關於這種現象還有一種說法，有人認為「趕屍」其

實是黑幫的走私活動，藉著這種令人毛骨悚然及爭相躲避的隊伍，來掩飾一些非法行為。

　　如今，很多科學家仍在研究，眾人各說不一。但說不定某一天，這種常人難以理解的奇特行業和現象，會得到合理的科學解釋。

西藏的天葬

　　天葬是中國藏地古老而獨特的風俗習慣，也是大部分西藏人最能接受、最普遍的喪葬方法。

　　藏語中稱天葬為「杜垂傑哇」，意為「關（屍）到葬場」；又稱「恰多」，意為「餵鷲鷹」。文中「恰」是一種專門食屍肉禿鷹，謂之「哈桂」。據此可知這種「天葬」亦可謂之「鳥葬」。

　　天葬就是將死者的屍體餵鷲鷹。鷲鷹食後會飛上天空，因為藏族信徒佛教，他們在天葬的儀式中寄託著一種升上「天堂」的願望，認為死者會由此順利升天。天葬在天葬場舉行，每一地區都有天葬場地，並有專門的天葬師從事此業。

　　人死之後，停屍數日，天葬師會把屍體捲曲起來，把頭屈於膝部，合成坐的姿勢，用白色藏被包裹，放置於門後右側的土臺上，請喇嘛誦超度經。

　　出殯一般很早，在清晨舉行，擇吉日由專門的揹屍人將屍體背到天葬台。太陽徐徐升起，天葬儀式就開

始。先點桑煙引起來禿鷲，藏傳佛教認為，點燃桑煙是鋪上五彩路，恭請空行母到天葬台，屍體作為供品，敬獻諸神，祈禱贖去逝者在世時的罪孽，請諸神把其靈魂帶到天界。

喇嘛誦經完畢，由天葬師處理屍體。鷲見煙火就會聚集在天葬場周圍。天葬師隨即將屍體衣服剝去，按一定程序肢解屍體，肉骨剝離。骨頭用石頭搗碎，並拌以糌粑（ㄗㄢˊㄅㄚ），肉切成小塊放置一旁。最後用哨聲呼來鷹鷲，按骨、肉順序分別餵食，直到吞食淨盡。因為鷹鷲喜歡吃肉，不喜歡吃骨頭，所以天葬程序往往會先餵骨頭。

若是屍體被禿鷲食盡，則是最為吉祥，說明死者沒有罪孽，靈魂已安然升天。如未被食淨，要將剩餘部分揀起焚化，同時念經超度。藏族人認為，天葬台周圍山上的禿鷲，除吃人屍體外，不傷害任何小動物，是「神鳥」。

其實，藏族的喪葬形式是經歷了歷史變遷的，據藏文史籍記載，在遠古的「七天墀」之時，諸王死時「握天繩升天」，「如虹散失，無有屍骸」。這種情況同藏族當時的認識有關，當時藏族認為其祖先來自天上，死

後歸天。慢慢地，就發展成為現在的天葬形式。

然而天葬習俗究竟始於何時？這還未見具體而確切的記載，但是不可否認佛教傳入西藏後，對西藏喪葬習俗的影響很大，在佛教中「佈施」是信眾奉行的準則，佈施有多種，捨身也是一種佈施，據敦煌發現的《要行捨身經》中載，即勸人於死後分割血肉，佈施屍陀林（葬屍場）中。在漢地隋以前已有此風俗，這種風俗對於共同信奉佛教的藏族或許是殊途同歸。

在佛教故事中也有「屍毗王以身施鴿」及「摩訶薩埵投身飼虎」的佛經故事，宣揚「菩薩佈施，不惜生命」等。

依據西藏古墓遺址推斷，天葬可能起源於西元7世紀以後，有學者認為，這種喪葬形式是由直貢噶舉所創立的。西元1179年直貢巴仁欽貝在墨竹工卡縣直貢地方建造了直貢梯寺，並在當時推行和完善了天葬制度。

24

藏族的水神信仰

在藏族文化中，水廣泛存在於青藏高原的神山聖跡之間，水神也活躍在藏族民眾的精神世界裡。

納木依藏人部落的老人認為，水神是主宰水災的神靈，如果人們在外出時因為飲用了生水得病，也會被認為是觸犯了水神而造成的。因此各地藏民對於水神都是無比地崇敬，對水神的祭祀祈福儀式也多種多樣。

西藏山南紮朗縣的農村，新年一大早，男男女女就會穿上漂亮的藏裝，揹上裝有青稞酒和各種供品的背筐，扛著掛滿五顏六色經幡的柳樹枝，三五成群地到郊外去祭祀神靈。

人們第一要去拜的是水神，神地設在雅魯藏布江邊，各村農民自由組合，一隊隊從不同的方向朝江邊集結。在江邊的沙土上插滿掛經幡的柳樹枝，無數彩色的經幡布條在晨風中飄揚，就像是不停在為人們賜福。

接著，人們會從背筐中拿出各種供品，依次向煨桑神煙的火堆裡投柏樹枝，向火中倒入青稞酒，撒上糌

粑，最後將供奉神靈的「卡賽」等食物堆放在煨桑火堆
旁的空地上。

　　個人祭祀水神儀式以後，大家就排成長隊，面向江
河，每人手中捧一把糌粑，由一人領唱，大家共同吟頌
著藏戲中預示吉祥、圓滿的「紮西」唱段，最後眾人高
舉手中的糌粑，連喊三聲「嗦……」，將糌粑拋向空
中，新年祭祀水神的儀式才算結束。水神祭畢，意味著
新一年的開始。

　　在四川白馬藏族那裡，只要有河流、湖泊或泉水的
地方必定有水神。在平武縣白馬鄉的藏族那裡，新年正
月初一淩晨，各家門前都會點燃一堆柴火敬神，慶祝農
業豐收。然後去河邊取水，向屋內外灑水並呼喊祖先名
字，唱水歌，謂之「祈水」或「供水」。

　　在文縣、南坪縣一帶的藏族那裡，臘月三十，婦女
會爭先恐後將水缸、水桶儲滿，初一早晨任何人不得揹
水，意為人過節，也得讓水神過節。

　　正月初一早上的洗臉水，必須等到初五才能潑出
去。當地祭祀水神的儀式比較簡單，每家選一個人到河
邊、湖邊或泉邊，焚紙燒香，跪祭水神，祈求水神保佑
家庭成員健康平安。

　　祭祀水神的日子並不固定，但是一般是在正月初一到初四。

　　藏民對水的祈拜還以節日的形式、透過集體記憶的方式，將水崇拜習俗延續下來。

　　在甘肅省甘南藏族自治州白龍江中上游的村寨，有一個相當規模的五月初五「朝水節」。當地藏語稱「朝水」為「曲甲」，意即祭拜、朝拜神水。

　　神水是離村寨不遠的一個峭壁上的一棵古柏，當地藏族群眾認為在它的根部流出的一股溪流就是神水。平時這股溪流若隱若無，到了農曆五月，水流增大，形成瀑布。因此，這個節日是以舟曲縣巴藏鄉後北山一帶和迭部縣洛大鄉附近藏民為核心、影響較大的一個漢藏民族共同參與的節日。

　　説到水神的信仰，就得説到神湖。在西藏自治區阿裡地區岡底斯山山腳有個瑪旁雍錯湖，海拔4933公尺，是世界上最高的淡水湖之一。西藏苯教尊瑪旁雍錯神湖為生命或命根湖，認為它是生命之源，具有無窮的財富和功德。

　　傳説在很早以前，阿里貢居湖中棲息著一條非常大的魚。有一次大魚游到瑪旁雍錯神湖，漂浮在湖面，彷

彿母親抱著的嬰兒。所以，藏民稱瑪旁雍錯神湖為「母
親懷抱中的碧玉湖」。

　　還有一種説法認為，瑪旁雍錯神湖是由婆羅門祭祀
時潑的聖水形成的。

　　而佛經中也説佛陀降世的前一天夜裡，其母摩耶夫
人夢見眾神把她送到瑪旁雍錯神湖沐浴，在洗淨身上的
一切污穢後，便準備接受妊娠。而此時佛陀就出現在岡
底斯山方向，他乘著一頭大象化作一道光進入母胎。

　　雖然這些神奇的傳説大多是虛構的，但在佛教信徒
的心目中，湖是人間天堂，湖的周圍長滿了各種醫治身
心疾病的草藥，來自岡底斯山冰雪融化的湖水，是佛祖
賜給人類的甘露。

　　「聖水」能洗人們心靈上的貪、嗔、癡、怠、嫉五
毒，能清除人肌膚上的污穢。在此湖沐浴淨身，靈魂可
得到淨化，肌膚能變得潔淨，可以益壽延年。

　　所以，每逢夏秋時節，許多虔誠的信徒都會來到「聖
湖」沐浴，回家時更不忘帶瓶湖水，作為贈送親友的珍
貴禮物。

　　瑪旁雍錯神湖信仰在很大的程度上是對水的崇拜，
水在這裡是規約神湖信仰的核心元素，這種湖神信仰結

構在藏族民間信仰的演變歷程中始終沒有發生變化，或
者人們可以説，是「水」一次次的啟動了藏族湖神信仰
的發展。

摩梭人的走婚

目前，世界各國人大多都選擇一夫一妻制。但是在中國雲南省，有一群摩梭人，仍然實行一種奇怪的婚姻模式——走婚。

走婚是中國雲南省少數民族摩梭人的習俗。除了少數因為要增加家庭勞動人口而娶妻或招婿外，摩梭人基本上沒有結婚制度。

走婚是情投意合的男女透過男到女家走婚，維持感情與生養下一代的方式。與其他民族夫婦長年生活在一起不同，他們是日暮而聚，晨曉而歸，暮來晨去。

摩梭人是母系社會，由女性當家，因此所生下的小孩歸母家生養，生父會在滿月時公開舉辦宴席，承認彼此的血緣關係，避免發生同父亂倫。男性稱女情人為「阿夏」，女性稱男情人為「阿注」。

摩梭人走婚有兩種方式：一種叫「阿注」定居婚；一種叫「阿夏」異居婚。不過不管是那種婚俗都得舉行一個古老的儀式，叫「藏巴拉」，意思是敬灶神菩薩和

拜祖宗。

走婚的儀式是在女方家舉行，時間一般在晚上，不請客、不送禮，朋友們也不參加。

這個禮儀是由男方家請一位證人，把求婚者帶到女方家，當然此時男女雙方早已有了感情基礎，不存在媒妁之言，母舅之命，他（她）們的母親及舅舅人也瞭解和默認後才舉行。男方家根據自己的經濟狀況，把帶來的禮品，按規矩放在火塘上方鍋樁的平臺上及經堂裡的神臺上向祖宗行禮，向鍋樁行禮，再向長輩及媽媽、舅舅、姐姐行禮，然後接受長輩們及姐妹們的祝福。送去的禮品按尊長、老少各有一份。

「阿夏」必須按摩梭人裝飾，從頭到腳精心打扮。男方會得到女方精心用摩梭麻布親手織成有摩梭特色的花腰帶。女方絕不會向男方索取錢物，因為他們認為男女相愛是平等的，比什麼都重要，感情是摩梭人「走婚」的重要因素。當證人向「阿夏」的母親、舅舅們交待完後，從此男女雙方就公開化了，「阿夏走婚」不請客，所以這種古老的風俗又儉樸、又省事，整個儀式一個小時即可完成。

在日間，男女很少單獨相處，只會在聚會上以舞蹈、

歌唱的方式對意中人表達心意。男子若是對女子傾心的話，在日間約好女子後，會在半夜的時候到女子的「花樓」（摩梭成年女性的房間，獨立於祖母屋即「家屋」）外，傳統上會騎馬前往，但不能於正門進入花樓，而要爬窗，再把帽子之類的物品掛在門外，表示兩人正在約會，要其他人不要打擾。然後在天未亮的時候就必須離開，這時可由正門離開。若於天亮或女方家長輩起床後才離開，會被視為無禮。

走婚的男女，維繫關係的要素是愛情，沒有經濟聯繫，一旦發生感情轉淡或發現性格不合，隨時可以切斷關係，因此感情自由度較婚姻關係更純粹。但也因此而使得男女關係較為平等，不像其他民族的婚姻關係中，牽繫極為複雜的經濟社會網絡。

在世界眾多民族中不乏仍處於原始狀態的民族，但時至今日卻很少再有「走婚」這一個特殊的風俗。對於「阿夏」走婚為什麼能夠歷經滄桑後，仍存在於摩梭人之間，至今是一道世界級的未解之謎。

為了探究這個原因，學者作過大量調查研究，並運用各種人類學現有理論進行分析，然而得出的結論似乎尚不足以解開這道難題。

　　最為詳細的調查是1963年、1965年和1976年進行的調查研究。調查對象為瀘沽湖沿岸和永寧平壩的六個鄉的964名女子，和785名男子共計1740人進行了婚姻狀況的調查統計。結果顯示，實行「阿夏」走婚的為1285人（女730人，男555人），占73.5％。

　　對於阿夏婚姻為什麼能長期延續，研究人員認為有五個原因：一是摩梭人的母系社會尚未完全瓦解，而外界的影響又還軟弱；二是社會生產力落後，尚未形成個體私有制，而以家庭集體所有制為主；三是婦女仍然充當謀取生活的主力；四是血緣關係使傳統的觀念很深蒂固；五是上層不反對阿夏婚姻。

　　這些說法雖然有一些道理，但是，為什麼外界的影響對摩梭人母系社會的作用如此弱？為什麼不少比摩梭人生產力低下的民族已進入一夫一妻制，而摩梭人仍然實行走婚？為什麼摩梭人大多願意選擇走婚而不願其他形式的婚姻？這許許多多疑問，仍是摩梭婚姻的難解之謎。

「爬房子」的紮壩人

在中國四川省雅江縣雅礱江有一個大峽谷，叫紮壩。它被稱為「全世界第二個母系社會走婚習俗的地區」、「人類社會進化的活化石」。這裡長期與世隔絕，獨特的地理位置和人文環境，使這裡孕育出和瀘沽湖相近的走婚習俗。

紮壩大峽谷居住著數千紮壩人，絕大多數紮壩人的家庭都是以母系血緣為主線而構成，家庭中基本上沒有夫妻，三代或四代同堂的情況居多。在這些家庭中，母親是家庭的核心人物，是絕對的權威也是子女的養育者，更是家庭勞動的主要承擔者。

紮壩人的婚姻有兩種形式，一種是較固定的對偶婚姻，另一種則是被稱為「爬房子」的走婚。

「爬房子」紮壩語稱之為「杜苟」，它是紮壩人兩性交流的主要形式。在紮壩人中，當一個男子長大成年後，便開始談戀愛找「呷依」。在紮壩語中，「呷依」指的是「有性往來的人」。用現代的話語來說，可譯成

「情人」。

　　紮壩男女找「呷依」，一般是透過耍壩子、跳鍋莊舞等，也有的是同村的幾個要好男子，相約一起到別的村寨找「呷依」。

　　男子一旦相中了某個女子，就會在白天找機會向女子表示愛慕之心。表達愛意的方式一般是約定成俗的，即由男子搶奪女子的頭巾或戒指等飾物，女子如果也相中他的話，就會含情脈脈地跑開，然後在夜深人靜之時打開自己閣樓的窗戶，等待意中人的到來。如果女子不同意，就會向男子要回自己的飾物，而這男子就不能在晚上爬到這女子的房間走婚。

　　找到「呷依」後，一個男子便開始了自己暮聚朝離的走婚──「爬房子」歷史。

　　男子在白天約好相中的女子，經女子同意，晚上深更半夜來到女子房前，沿房牆徒手爬上三、四層樓高的閨房。與女子做一夜夫妻後，男子必須在天亮前再從窗口爬出去。

　　紮壩人的住房皆是用片石砌成的碉樓，一般約二十公尺，三至五層，牆體筆直平整。男子通常是在晚上11點以後，等女子家人都熟睡了，才能來到事先打探

清楚的女子住處，然後徒手攀爬上樓，從窗戶跳進意中人的閨房。

男方第一次到女方家，晚上必須從雕樓爬上去，只有勇敢而身強力壯者，才能以此法獲得姑娘的芳心。

爬牆者往往在夜晚時手持兩把藏刀插入石牆縫中，雙手左右交替攀牆而上，翻窗而入。也有一些爬牆高手不用藏刀而徒手攀牆入房。

第一次爬房子成功後，該男子便取得了女方及其家庭認可，從此可從大門隨便進入，女方家不問門、不干涉，其方便猶如自家。

如果一個男子第一次到女方家就從大門進入，則會被女方及其家人瞧不起而被趕走。因而，紮壩人稱走婚為「爬房子」或「爬牆」。由於一個人一生中可能有多個「呷依」，因此，一個男人可能爬過多個女人的房子。同樣的，一個女人的房子也就可能接受過多個爬牆的男人。

這麼高大的牆體，真是每個走婚的男子都能徒手爬上房嗎？當然也有例外的。如果姑娘很喜歡男子的話，是會幫助自己心愛的男人爬上房的。比如，她會從房間放下繩索之類的東西助其一臂之力。也有的男子走婚時

揹個梯子去，更甚至有的男子得揹著梯子走幾公里路去
爬房子。

　　絜壩人的結合是因為兩情相悅，只要你情我願便行；
分手不是傷害，沒有相愛必須廝守終生、感情必須從一
而終的觀念。

　　「呷依」之間如果感情結束，雙方表明態度，以後
便不再來往，相互間也就不再存在任何關係。兩性平
等，男人不會認為自己佔有女伴，女子也不會認為自己
屬於男人。即使已經有了小孩，倘若感情喪失，即可分
手，也不會遭受對方和社會的譴責。

　　一般說來，婚姻總是和家庭聯繫在一起的，結婚即
成家，成家便要立業，婚姻與家庭合而為一，一旦婚姻
解除，家庭便解體了。

　　但是在絜壩，婚姻與家庭是分開的，夫、妻不同住，
各住其自身母系家中；權利和義務也是分離的，所生子
女由女方家庭（舅舅）撫養（男子不管自己親生的子
女，卻必須養育姊妹的子女，就社會整體而論，也還是
公道的）。建立或保持走婚關係，與財產等因素無關。

　　走婚關係可因情感變異而解除，家庭卻是牢不可破
的。人們要解除「呷依」關係，不會考慮子女、財產、

婚約、面子等因素，顯得自由而灑脫，不像主流社會不少人離婚那樣彼此傷害，鬥得死去活來。因此，紮壩人是寬容的、開放的。

在紮壩，除了走婚，也存著一夫一妻、一妻多夫、入贅婚、偷婚等多種婚姻形式，存在著母系家庭、父系家庭和雙系家庭。多元婚姻共存，各自選擇，相互尊重。

壯族的染黑牙習俗

　　男女老少都喜歡用灶灰抹牙，並且把牙齒塗得黑黑的，這是中國雲南省文山壯族苗族自治州一帶的特有習俗。文山壯族人也是中國牙齒最健康和最潔白的人群，這裡的小孩沒有齲齒，老人不掉牙，年輕人各個牙齒潔白如玉。為什麼壯族人喜歡將牙齒塗得黑黑的呢？在這片地區，流傳著一個壯族姑娘染黑牙的古老故事。

　　相傳從前那裡有個壯族首領，無惡不作，人們稱他「土皇」，他每天騎著雕鞍駿馬遊鄉逛寨，見到漂亮的姑娘，便搶進宮去尋歡作樂。

　　有一天，「土皇」聽說達嘎地方有個叫阿婷的壯家姑娘，長得十分漂亮，只要她一閃睫毛，就能使男子如癡似醉，於是「土皇」便親自帶兵來看。到了達嘎，他便把全村的男女老少召集來，但是人人都到場了，就是不見阿婷。

　　原來，阿婷聽到「土皇」來了，知道他不懷好意，所以躲到深山峽谷間去了。她發誓寧死也決不受「土

皇」的糟蹋。她在山谷裡安身，鳳凰很同情她，飛來對她跳舞；茶花很同情她，在她身旁作伴；乳果很同情她，落到她的掌上；山雀很同情她，為她鋪墊軟床；她走累了，就睡在這軟床上。

就在姑娘沉睡的當下，纖柔的青藤在四周伸蔓添葉，織成了一籠綠色的羅帳。羅帳周圍還長滿了密密麻麻的竹子。

忽然，一個白髮蒼蒼的藥仙來到姑娘床前，慈祥地對她說：「孩子，如果妳要避過這場災難，我告訴妳一個祕訣，回家後，妳去找用竹子燒的爐灶灰來染黑妳那潔白的牙齒吧！」

阿婷聽完後驚醒過來，藥仙已經隱去了。她四下尋找竹炭灰，卻未找見。她哀愁地說：「把牙齒染黑了，還有誰來愛我呀？」

這時，她耳邊又送來了藥仙的話：「傻孩子，牙齒雖黑，心地潔白，『土皇』當然不愛，但小夥子們愛的正是這樣的姑娘啊！」

阿婷細細回味藥仙的話後，便開始耐心地尋找，終於找到了燒過的竹炭灰，她毫不猶豫的抓起灶灰就往牙齒上抹起來。塗抹完之後，她走到清澈的山泉邊上，對

著山泉看自己的容顏，兩排牙齒已經變得漆黑發亮了。

　　從這之後，壯族姑娘就有了用竹炭灰染牙的習慣。在染黑牙齒的同時，姑娘們發現了一個驚人的祕密：當每天晚上洗去牙齒的黑色時，牙齒卻變的越來越白，而且很少有口腔疾病發生。

　　染黑牙變白牙的祕密終於被公開了，於是，壯族不分老少、男女都開始用灶灰抹牙。文山壯族也就有了用灶灰清潔牙齒的傳統，至今，還有許多壯族人保持著用竹炭灰刷牙的習慣。

美麗的紋面

　　在中國雲南省怒江州貢山獨龍族怒族自治縣境內，距昆明1000公里的地方，有一個相當封閉的地區——毒龍江峽谷。它位於毒龍江的東邊是高黎貢山，西邊和南邊是與緬甸交界的擔當力卡山，北邊是西藏。一年中有半年大雪封山，與外界完全隔絕。那裡居住著一個鮮為人知的少數民族——獨龍族，人口僅五千多人。

　　在獨龍族有一個相當奇異的習俗，女孩子成長到十二、三歲，就要紋面，而男子是不紋面的。獨龍族這一奇異的習俗可是由來已久。文獻有記載：《新唐書》稱「文面濮」，《南詔野史》稱「繡面部落」。

　　獨龍族的紋面分兩種，一種是在臉上刺滿花紋，被稱為「滿紋」；一種是在面額兩邊刺花紋，稱為「半紋」。紋面年齡最大31歲，最小6歲，平均紋面年齡14歲，以12歲左右紋面最多。

　　紋面是一件極痛苦的事。首先要用竹簽蘸上鍋底的煙灰，在眉心、鼻樑、臉頰和嘴的四周描好紋形，然

後請人一手持竹釧，一手拿拍針棒沿紋路打刺。每刺一針，即將血水擦去，馬上敷上鍋煙灰，過三、五天，創口結痂脫去，皮肉上就會呈現出青藍色的斑痕。

一般來說，臉上的血管、神經比較豐富，紋面人要忍受3～5天的紅腫、劇痛，之後臉上就會形成永遠擦洗不掉的面紋。

在毒龍江上、下游面紋有較大的差異，不但面紋圖案多種多樣，而且面紋的部位也有較多的區別。下游四鄉及三鄉地區大多只紋嘴唇下部的下巴部分，像男人的鬍鬚一樣，紋條成上下線形；也有部分連鼻子下人中部位的左右都紋上了。而上游的二鄉、一鄉的婦女則從額頭起，面紋佈滿了整個臉部。

那麼，獨龍族女子為什麼喜愛紋面呢？一種說法是認為獨龍族婦女天生愛美，她們在自己的臉上刻上花紋，讓人看了覺得漂亮。她們喜歡大自然，熱愛大自然，刻在臉上的花紋，也是大自然裡最美的動物和植物。所以，她們的臉上紋的都是蝴蝶、蜻蜓、花草、葉片、山川和河流。

她們喜歡自己像毒龍江的山川花草一樣，常青常綠，五彩繽紛。紋面的工藝也一個比一個精緻，像繡花

繡出來的，針腳細密，曲線優美。

在毒龍江，女子的臉上越紋得精美，就會受到更多的小夥子的青睞，對象也容易找到，如果不紋面，或者紋的粗糙，就不會有小夥子和她交往。久而久之，獨龍女紋面的風氣就盛行起來了。

第二種說法是為了避免遭到外族人的搶劫。當時，西藏察瓦土司經常到毒龍江搶劫，他們不但搶獨龍人的物資，還搶劫獨龍女人，鬧得人心惶惶，雞犬不寧。就是為了不受外族人的污辱，獨龍女人才開始把臉刺黑，讓人看了心生恐懼。

兩種說法，到底哪種準確，還待進一步考察。不過，怒江僅存的紋面女很少了，因為這種習俗，已經不再沿用。在目前僅存的紋面女中，年齡最大的108歲，最小的50歲，平均年齡72歲。

布依族的「姑娘茶」

　　自古以來，中國人多愛飲茶。而對於中國的布依族來說，茶是他們日常飲料中最普遍和必需的一種。在布依族家中，男女老少天天都要飲茶。火塘上的茶壺，終日熱氣騰騰。

　　以茶水待客，也是布依族人的習俗。一有客人來到布依族人的家中，主人往往先遞上菸，然後敬茶。

　　他們相互往來，相互敬茶，品評茶味，說古論今，無拘無束，享受著天倫之樂。茶，成為他們相互之間聯絡、交往的紐帶。

　　在中國，茶的種類比較多，各地、個人喜愛的都不一樣，如普洱、碧螺春、龍井、鐵觀音、毛尖等。勤勞的布依人用的茶葉都是自採自製的，他們有時也上山去採和茶葉一樣能泡開水飲用的其他植物，然後和茶葉一起進行加工，再加入一種名叫金銀花的中草藥，製成混合茶葉。這種混合茶葉的味道特殊，芬芳醇美，還具有清熱提神的作用，泡出來的茶水是很好的飲料。

　　而布依人製作的茶葉中，有一種茶葉十分有特色，同時又相當名貴，而且味道別具一格，就是布依族的「姑娘茶」。

　　姑娘茶是布依族未出嫁的姑娘精心製作的茶葉。每當清明節前，她們就會上茶山去採茶樹枝上剛冒出來的嫩尖葉，採回來之後透過熱炒，使之保持一定的溫度，然後就將一片一片的茶葉疊整成圓錐體，然後拿出去曬乾，再經過一定的技術處理後，製成一卷一卷的圓錐體，這樣「姑娘茶」就做好了。

　　這種圓錐形的「姑娘茶」，每卷約50至100公克重，形狀整齊優美，品質也格外優良，是布依地區茶葉中的精品。

　　平時，布依人家製好的這種茶葉都不會拿出來出售，而只會作為禮品贈送給親朋好友，或在談戀愛或訂親時，由姑娘家作為信物而贈送給情人。布依族用這種純真精緻的名茶，象徵著姑娘的貞操和純潔的愛情。

「死比生大」的白褲瑤葬禮

在中國廣西省的白褲瑤，有著一個很奇特的葬俗，那就是他們的葬禮儀式。這項儀式往往比紅喜的迎親嫁娶、慶豐收等儀式更大。白褲瑤的葬禮極為隆重，有「死比生大」的說法……

這樣的葬禮到底有多隆重呢？白褲瑤的葬禮分為打銅鼓、砍牛祭奠、哭葬、長席筵四個環節。若是家裡有人去世了，送葬的那兩天，死者家中的屋頂上會插上一支長長的生竹子，竹梢紮上白布或白紙，讓前來奔喪的人加以區別。

送葬有著極嚴格的要求，基本上有兩方面，一為選日子，二是家中必須要有牛，兩者缺一不可。如二者缺一，死者家屬則在家中堂屋或房前屋後挖個坑，將死者及棺木一併埋下，到條件具備，再起之送葬。據說，起出的棺木打開後屍體不腐臭，此謂一奇。等到送葬那一天，葬禮儀式被安排在一片寬闊的田地裡。家裡的親朋好友都身著盛裝，打扮得漂漂亮亮的。這時打銅鼓環節

就開始了，白褲瑤的銅鼓具有2000多年的歷史。

銅鼓是白褲瑤族權力的象徵，過去在對敵作戰時，用來發號施令。現在凡婚喪娶嫁或娛樂場合，白褲瑤都將幾十面銅鼓排列在一起，每一面銅鼓代表著一戶前來送葬的人家。

與廣西其他少數民族打銅鼓不同的是，白褲瑤打鼓為2人一組，一人手執一小木槌另一手執著小木棍護住銅鼓擊打，後面的人則抱一木桶配合共鳴。然後又有一人敲一面獨木牛皮大鼓，眾人和著鼓聲，敲擊銅鼓，聲言鏘鏗宏亮，場面十分壯觀，打銅鼓會從早上一直持續到砍牛的環節。

到下午2時許，砍牛儀式開始，砍牛又分為哭牛、祭奠、砍牛三個環節。哭牛的順序是依與死者的親疏關係排隊繞牛而哭。

隊伍男前女後，人人手執一小生竹杆，上繫水稻，繞牛而哭。繞圈結束，將手中竹杆及水稻扔予牛食。主祭則為村中長輩，他手執一木盆，內盛米，用黑雨傘遮擋，在撒米向牛時，口中念念有詞，意為歌頌牛的功德和為將已逝去的村中長輩的魂魄召來，帶死者到極樂世界。

　　約半小時的祭奠後，死者的娘家舅爺手執一把三、四尺的鋼刀走向牛，砍牛儀式的高潮就在此。舅爺砍牛，只能砍三刀，而且必須對著牛的頸椎部位砍。在砍了第一刀後，又一奇特的情況出現了，以往殺牛，牛通人性，牛眼中會流出眼淚，而白褲瑤砍牛，牛卻不哭，因為次日晚，還要舉行儀式讓牛還魂，此謂二奇。三刀之後，參加儀式的人群爆出陣陣歡呼聲，最後用青藤將牛腳捆住，利刃殺之。

　　白褲瑤非常重視牛，不僅在葬禮上舉行砍牛儀式，連死者的墳墓往往也與牛有關。白褲瑤人的墳前，樹有一或兩根木柱，木柱上方被雕刻成九支碗狀，少部分為七枝，木柱中間偏上處雕鑿有一通孔，插上被砍死的牛角，意喻為死者的「登仙」拐杖。如葬禮中砍一牛，則有一木柱，砍牛越多木柱越多，砍牛最多的達四頭。墓多無碑，有碑的，是近十多年的墳。墓後部有一竹竿直插入地，上系有用塑膠薄膜包裹的草鞋、食物及祭奠用品，喻為死者「登仙」時帶上路用。

　　在這其中，還有件事令人驚奇。在每一次的祭奠中，主祭的「歌師」都不一樣，奇特的是，每個「歌師」在死者臨死前都能預知，但不能說是誰將逝去，先人會托

夢將前人（祖先）的名諱告訴他，並教他唱會祭奠用的歌謠，此謂三奇。

第二天，中午時分，哭葬儀式開始。數名男子齊吆喝，一舉將棺木抬上墳山。若是死者為村中旺族，送葬人員就會頗多，人手竹竿一根，跟於棺木後，哭送而行。棺木抬至墓穴邊，眾人休息片刻，飲罷用生竹筒盛裝的米酒後，齊聲歡呼並鳴槍，將棺木入穴。回到村上，打銅鼓的田埂上便排上長長的「長席筵」。

所謂「長席筵」，其意是只有一張飯桌，桌呈長形，一路順延下去，送葬人員是先女後小孩，最後是瑤漢，均分坐於桌兩邊。桌上有糯米飯及牛肉，桌邊置一芭蕉葉，用於盛裝打包之用。

飯後，每人均分到一片生牛肉及一團插著糯米飯。至此，白褲瑤族的葬禮才算基本結束。

古老而神祕的阿細祭火節

居住在雲南彌勒縣西一鎮紅萬村的彝族阿細人，在每年的農曆二月初三，都會舉行隆重而精采的神祕慶典——阿細祭火節。

視火為萬物之靈的阿細人認為透過這種形式可以回歸自然，這祖輩留傳下來的古老祭火傳統，相傳已有近千年的歷史。

祭祀當天，阿細人不穿衣服，也不穿褲子。在村裡等候的壯年男子和未成年的男童，分成兩組，悄悄地集中到村外事先選定的隱蔽處進行化妝和紋面紋身。

他們用於化妝的顏料大多以本地土製的紅、黃、白、黑、褐五色為主要顏色。

其代表圖案以象徵動植物圖案和五色連環圖案為主，動物圖案表現了村民們的動物崇拜，五色連環圖案則象徵著對土地、日月星辰、風雨雷電等大自然的崇拜。

他們把這些五顏六色的顏料，按照各種圖案塗抹在

全身上下後，又用棕葉和松果樹葉編織成各種近似野獸圖形戴在頭上，有的頭上還插著飛禽羽毛和獸皮等裝飾品，腰部用棕葉、棕片、地板藤、麻布等編織的「裙服」圍住下身；也有的摹仿原始人類用樹皮、樹葉遮體，用各種千奇百怪的不同姿勢和體態語言來表達祭火的含意。

大約在下午4點，由村裡精選出來的祭火人員會在村裡的巫師──畢摩的率領下，先抬著供品祭器來到村頭祭祀龍樹。

畢摩會帶領幾位長者在高大蒼老的「神樹」前，擺上供桌，桌子上放兩碗酒，倚著樹幹敬上4柱香，用一隻大公雞繞了幾圈，口中念念有詞。

畢摩雙手合攏夾住一根木棍慢慢在松木下轉動，大約過了幾分鐘後，只見一股清煙從火神的手下升起，緊接著一團火便慢慢地燃燒起來。

其實他們是在用最古老的方式──「鑽木取火」，迎取新一年的火種。枯木的小孔裡放置了少許火藥，祭火師以極快的速度搓動著木棒，稍有不濟，便由下一個人挺身接替。

當樹孔裡的溫度漸漸升高，人們將引火的火草不

住地往裡填塞，並包裹在洞口四周。這時，旁邊舉著木削的棍棒的村民都禁不住一起跳著、笑著，「喔喔」地發著單音節的歡叫，那聲音好似遠古的迴響。

等到火苗飛起，火種被莊嚴地請入了靜候在一旁的火盆，壯實的紋身阿細漢子抬起它，走遍全村，途經每戶人家。人們歡呼著，喊叫著「木鄧賽魯（火神）木鄧賽魯來嘍⋯⋯」

人們熄滅舊年的火，高興地將新火送入灶台的火塘，盼的是人壽年豐的好光景。

當祭火的隊伍轉遍了全村，最後，大家齊齊地聚到村中最大的場院上。山坡上站滿了人，其他各村的鄉親也會來湊個熱鬧。

「火神」進場，接著是男人、女人、孩子，繞場一周。紙糊的「火神」被尊放在場地的中央，祭祀的舞蹈，透著蠻荒時代的不羈和放任。

紋身遮面的男人魚貫跳過火堆、跨過火陣，將手中的木叉、槍棒投入火中，意味著除盡所有的災害、污穢和邪魔。直到最後，「火神」也融化在了那一蓬熊熊的烈火中。

此時，阿細人從四面八方湧進來。小夥子繃緊著身

子，撥弄著鏗鏘有力的大三弦，而姑娘們燦若桃花，縱
情歡跳。

　　他們的舞蹈被稱為「阿細跳月」，蘊含著阿細人對
新的一年的美好期望。

彝族的姑娘房

在中國雲南省的彝族，現今仍保留著一種傳統建築
——姑娘房。到此的遊客往往會很好奇，姑娘房是做什
麼用的呢？

原來，姑娘房竟是專供年輕人談情說愛的地方。在
彝族人眼中，他們覺得在家中談情說愛是不禮貌的，於
是就搭建了姑娘房。

姑娘房一般是公房，大小不一，大的可以住十多人，
小的可以住三、五人，一般都建在村頭或村尾，一是方
便小夥子與姑娘幽會，二是避免影響村寨中的父母和長
輩。

彝族少女長到十七、八歲便要接受成人洗禮。母親
和女性長輩，擇定吉日良辰，焚起香，挑來淨水，將姑
娘的身子洗得乾乾淨淨之後，在一旁早已等候的女伴
們，開始為她換下孩童時穿的白裙子，穿上標誌成年女
子的黑裙子，邊換邊說些讚美和祝福她的話。然後便將
她送到專門為她搭建的姑娘房裡居住，讓她開始與小夥

子們交往。

　　姑娘們白天回家工作，晚上就在姑娘房裡紡線織布繡花，有的姑娘房中還會準備一些香菸、糖果、瓜子之類的零食，有小夥子來相會時，便陪坐聊天。

　　每當夜幕來臨，姑娘們都會精心的打扮一番，等待心儀的小夥子們到來。他們來後，透過交談相互認識，然後便在姑娘房中圍成一圈，唱起情歌，跳起歡快的舞蹈，唱夠了跳累了，他們便和看中的姑娘在一張床上和衣而睡。即使同時有幾對青年男女也是如此，大家不見怪，無拘束。不過照彝族規矩，小夥子千萬不能有什麼非分之想，否則姑娘們會群起而攻之。

　　天一亮，小夥子們便會早早的醒來，相約再次幽會的時間，然後悄悄的離開姑娘房，此時姑娘們也各自回到家中，開始一天的工作。

　　有的小夥子在姑娘房一住就是幾天，不肯離去，這時女方得照常招待。白天，小夥子隨女方回家砍柴、放牧……晚上又跟女方在姑娘房住宿，女方父母視而不見，聽任其便。姑娘房中來往的小夥子越多、越熱鬧，說明姑娘的人緣好，喜歡姑娘的人多，魅力也就越大，做父母的面子也就越有光彩。

彝族女人就是用這種特定的地點來選擇自己的愛情，她們視愛情為生命，把溫情獻給家庭，把歡樂留給了生活，姑娘房見證著她們浪漫的愛情故事。

彝族的婚姻有請媒人說親的，但是相對來說是比較自由的。姑娘房不僅是男女青年婚前幽會和娛樂的地方，同時也是相親的場所。

彝族男女聯繫感情的一個主要途徑，就是對歌。紅白喜事，上山砍柴，甚至男女相遇也要對歌。年輕人多透過對歌互相瞭解，認識，加深感情，定下終身。

姑娘趕歌會去了，媽媽必須煮好招待未來女婿的飯菜。大家在歌會上互相認識後，男生必須跟女生一起住在姑娘房，由姑娘招待。

按照風俗，適齡女子參加跳歌會必須帶個小夥子回家，才算有本事。自己體面，父母也高興。同樣的，男子參加歌會也以被姑娘約走為榮。

倘若一個人去，一個人回，全家都不愉快，旁人也會看不起他。而父母不能露面，只能從門縫中偷看。

這一夜，姑娘小夥住在一起，進一步互訴衷情……天亮時，小夥子才悄悄離去。如果男方中意，很快就派人來提親，若是男方在短期內沒有動靜，那就算告吹

了。男方提親，女方可以拒絕。無論哪方不願意，都只有等到下一次跳歌會再另選擇。

男女雙方訂婚之後，便會進行婚宴的準備。婚宴多用豬、雞肉，一般不用羊肉（喪事則用羊肉）。滇南石屏彝族有在出嫁前邀集男女夥伴聚餐暢飲之習；滇西的彝族，凡娶親嫁女，都要在庭院中或壩子裡，用樹枝搭棚，供客人飲酒、抽菸、吃飯、閒坐，民間把這種用枝搭的臨時棚子稱「青棚」。

婚禮則是五花八門的，揹新娘就是婚禮中的一個十分有趣的風俗。新娘出嫁時，先由媒人從樓上揹下來，送到大門外交給新郎，再由新郎的男朋友伴郎揹起，在討親隊伍的護送下一直到家。彝家山寨，山高路遠，一路上，揹新娘的伴郎累得汗流浹背，喘息不止，新娘的陪伴——伴娘就在地上鋪上事先準備好的新草席和毛毯，讓新娘坐地休息，待伴郎喘過氣來，又繼續上路，但是新娘必須在太陽落山前揹回男家。

新娘一到，就舉行「迎親」儀式，讓新郎、新娘坐在大門前的凳子上，樂師們奏起熱烈的「迎親調」，親朋好友燃放爆竹，點起火把祝賀新人。然後，伴娘揹起新娘，前面一個舉著火把，一人撒青松毛鋪路，新郎和

伴郎隨之於後，在眾人簇擁下入洞房。

「迎親」儀式一結束，就開始跳舞，歌聲合著舞步響了起來，大家通宵達旦的歡樂。這場喜事剛結束，許多年輕男女便找到了自己的對象。

然而彝族的婚禮也不都是這樣盛大的，也有非常儉樸的婚禮。彌勒縣的阿細人是彝族的一個支系，自古以來婚姻自主，婚禮儉樸。他們選擇對象的條件不是相貌，而是勤勞。

婚姻程序，一般是女的先到男家勞動兩天，以此向男方父母認親，男家不擺酒席，不請客。這樣往返幾次，共同勞動，以示情投意合，同甘共苦。這時，雙方中，有一方心有悔意，婚事可以就此甘休；若都表示滿意，婚事就算完畢了。

以勤勞取人，奠定了阿細人婚姻幸福，美滿的基礎，所以在阿細人中，因草率成婚而釀成不幸結局的為數很少。

以樹製衣的海南黎族

　　中美洲的樹皮衣向來非常著名，但科學家們卻認為，以樹皮為衣的古老技藝起源於中國，然後從中國南方的沿海地帶出發，在延伸過東南亞島嶼後，穿越太平洋直達中美洲，這樣，樹皮衣的製作技藝才傳出了中國。

　　在古老的樹皮布文化遷徙路線上，仍然有一個地方，至今還保留著這一古老的文化遺存和樹皮布的製作工藝，這就是今天的海南島。

　　居住在中國海南省保亭黎族苗族自治縣的海南黎族就是一個以樹製衣的民族。漢代史學家司馬遷在《史記·貨殖列傳》就記載著海南當時有一種布叫葛布。

　　元代的馬端臨的《文獻通考》說，海南的黎峒，「婦人服總縷，積木皮為布，陶土為釜」，「積木皮為布」指的就是《史記》裡的葛布和榻布，也就是樹皮布。最新的考古發現甚至證實，海南島樹皮布的歷史至少可以上溯至4000年前。

　　黎族地區常用三種紡織原料：樹皮、麻和木棉，樹

皮用於製作衣服以及被褥的歷史遠在麻和木棉之前,從時間順序以及製作工藝上說,是樹皮布的加工製作開啟了人類紡織的智慧,也就是說「績木皮為布」,開啟了紡織的先河。

海南黎族製作樹皮衣所使用的樹木是世界上所有木本植物中最毒的構樹,這種樹被人稱為「鬼樹」,又叫「見血封喉」樹,據說,它的汁液含有劇毒,塗在箭尖上能夠起到見血封喉的毒效。

隨著生活水準的提高,樹皮布逐漸遠離人們的生活,傳承千年的製作技藝已慢慢淡出人們的視線,掌握樹皮布製作技藝的人現在大概只剩兩、三人了。

海南島地處熱帶,光熱充足,雨量充沛,野生動植物資源十分豐富,黎族先民為什麼非要選擇這種有「鬼樹」之稱的「見血封喉」樹來製作樹皮布呢?

一種觀點認為,用這種世界上最毒的樹製成的樹皮布,不僅經久耐洗,而且柔軟、白淨,因此黎族先民把它當作製作樹皮布的首選樹種。

但這個原因的說服力似乎還不夠,因為使用這種樹皮製衣存在一定的風險,黎族先民會為了舒服而冒著隨時可能中毒的風險用它來製作樹皮衣嗎?

專家說，大約在新石器時代中期，黎族的遠古祖先就從大陸的兩廣地區陸續遷入海南島，他們起初居住在交通便利的沿海地區。

後來，由於戰亂和歷代封建王朝的征剿，大部分黎族人被迫退居內地深山。在五指山腹地的熱帶叢林裡，毒蟲蛇獸隨處可見，而「見血封喉」樹的毒性，使得用它的樹皮做出來的衣服具有一定的防蟲功能，而古人竟然摸索出了一套防毒解毒的方法，於是世界上最危險的樹木，就這樣變成了護衛身體最好的衣服。

除了具備防蟲效果，構樹還具有速生的特性，在世界各地的分佈一度十分廣泛，它的長長纖維，韌性極強。相傳，蔡倫發明造紙術就是受到黎族先民用構樹製作樹皮布的啟發，在此後的造紙工業中，構樹也確實是運用最多的樹種。

如果說「見血封喉」樹可能是因為其毒性吸引了黎族先民，那麼黎族先民最初是怎樣從萬樹叢中挑選出構樹，作為加工樹皮布的樹種的？實在讓人費解，因為在熱帶叢林中，構樹實在是太普通了。

傣家山寨和尚談戀愛

　　到中國雲南旅遊過的遊客會用「雲南十八怪」、
「雲南二十八怪」、「雲南八十一怪」等說法來形容在
雲南所耳聞目睹的那些奇聞異趣。

　　為什麼人們會以「怪」字來形容雲南呢？因為雲南
省是中國少數民族成分最多的省份，除了漢族以外還聚
居著有彝、白、壯、傣、納西、藏、瑤族等其他25個
民族，占了中國總人口的近三分之一。

　　正是由於其獨特的地理風貌，特殊的氣候狀況，多
彩的民族風情，奇特的風俗習慣，產生了許多不同於其
他地方的奇異現象，隨著遠來的遊人、匆匆的過客們在
這片神奇的土地上留下短暫的足跡並離開之後，他們就
會以「怪」字來形容雲南。

　　在雲南有些鄉鎮的街頭，你會看到有好些很小的男
孩子，身著和尚服飾，騎著自行車，後面帶著如花似玉
的傣族少女在街頭穿行。

　　這樣的景象往往讓人大吃一驚，因為在正常的思維

中，作為出家人的和尚是不可以談戀愛的。然而，在雲南地處群山深處的傣家山寨，和尚似乎可以不必遵守一般僧人需持的戒律。

傣族婚俗與常人不同，盛行男嫁女──男孩子到了一定年齡是要「嫁」出去的，而女孩子到了一定年齡則會把女婿「娶」回家門。

但是，傣族人又很重視對男孩的教育。傣族是一個信奉佛教的民族，男孩子很小就被送進佛寺當和尚，在這裡學文化，他們學習寫的文字是傣文，而女孩子則是進學校學漢語。

這就形成了一個奇特的現象，經過這樣的教育方式的傣族青年，男孩子會寫傣文而不會寫漢字；而女孩子會寫漢字卻不會寫傣文。

傣族是個崇尚知識的民族，特別是傣族少女非常仰慕有文化的男孩。若誰家的男孩子沒有進過佛寺，是不會贏得姑娘青睞的。

去寺院做和尚的小男孩不乏童趣，幾個月後他們就可能還俗像普通人一樣生活。在傣族的傳統意識中，男人需要出家一段時間（哪怕只有幾天）才算得上有文化的上等人，而奘房（即寺廟）不過是他們暫時的學校，

奘房附近必有大青樹，大青樹下也不乏美麗動人的傣家小姑娘。

傣族小和尚是可以談戀愛的！所以，在傣家山寨，常會看到披紅掛綠的小男孩在喜氣洋洋的家人，和一大幫花枝招展的小姑娘簇擁下，敲鑼打鼓地去奘房剃度——既可以提高身份又不需要斬斷情絲，這樣「魚與熊掌可以兼得」的美事，在雲南這片旖旎的風光和輕鬆愉悅的民風中，成了一件再自然不過的事。

而傣族姑娘選郎、傣族小夥子求婚，又是另外一種奇特的景象。每年農曆的三、四月分，傣族姑娘會把自己親自做好的黃燜雞擺到寨子的街頭，之後，她們就坐下來靜靜地等候愛情的降臨了。

奇怪的是，這時的傣族姑娘在自己長長的裙子下面還藏著一隻袖珍小木凳，這便是傣族姑娘為什麼穿長裙的一個原因了。

山寨裡若有小夥子看上了某一個賣黃燜雞的姑娘，他就會前來真誠地蹲在姑娘的面前，竭盡全力來讚美姑娘的黃燜雞，並試探著詢問這黃燜雞是否已經有人預定了。若姑娘看不上眼前的小夥子，便會藉口說已經有人預定了，但還是可以賣給小夥子，意思是要小夥子出錢

把黃燜雞買走，而實際上，此時的小夥子便會知趣地離開。

　　若姑娘看上了眼前的小夥子，姑娘便會微笑著說：「我的黃燜雞做的並不好，但卻是我自己親手做的，要把它送給我最喜歡的人。」惟有這個時候，姑娘才會從自己的長裙裡把那個藏著的小木凳拿出來，讓小夥子坐下來繼續交談。

　　有了一定的瞭解之後，姑娘便會說：「這裡人多，咱們到後面的竹林裡去吧。」這時，姑娘和小夥子便會雙雙進入竹林開始了自己的戀愛過程。

花腰傣族的奇異婚俗

在中國雲南德宏傣族小夥子有一種很奇特的求偶方式。無論春夏秋冬，小夥子如果想找情侶，他就會用一條寬大的毛毯把自己連頭帶身都裹起來，只露出兩隻眼睛。他們站在大路邊，等待姑娘的到來，這也是未婚小夥子的臨時標誌。

而沒有對象的姑娘標誌，則是穿淺色大襟短衫、長褲，身束小圍腰。小夥子只要看到這樣打扮的姑娘經過，都可以上前說話求愛。如果姑娘看上了小夥子，他就會取下身上的毛毯，拉著姑娘的手離開大路去細談。

青年男女相愛、定情之後，若雙方戀愛成熟，便由男方父母託媒人（舅舅或姨媽）去女方家裡提親，女方父母一般是不會阻撓的。

訂婚之後，就選擇「良辰吉日」舉行婚禮。婚禮一般都在女方家裡舉行，主要儀式是拴線，傣語叫「樹歡」意為「拴魂」，就是把新郎新娘的魂拴在一起，把兩顆心拴在一起的意思。

在傣族男女結婚的那天，人們把新郎（傣語叫「黑邁」）送新娘（傣語叫「擺邁」）家裡，舉行拴線儀式。在竹樓堂屋靠裡的一端擺上一張小桌子，用芭蕉葉把桌面鋪好，上面放上兩個用芭蕉葉做成圓錐形的帽子（傣語稱為「索累東」）下面放著煮熟的雌雄、雛雞各一隻，桌上還放有紅布、白布、芭蕉、鹽巴、一杯酒以及盛著糯米飯和白線條的芭蕉葉盒子等。

主婚人坐在果子的上首，親友們靠近主婚人圍桌而坐，新郎新娘則男右女左地跪在主婚人的對面。拴線儀式開始時，先由主婚人致賀詞，在座的人伸出右手搭在桌子上，低頭傾聽賀詞。

主婚人致完賀詞，新郎新娘每人從桌子上拿起一坨糯米飯，在酒裡蘸一蘸，點祭雞、鹽等物，每人連續點三次，點完後放在桌子上。

接著，主婚人從桌上拿起一根較長的白線，從左到右，繞過新郎新娘有肩，把線的兩端搭在桌上，表示把兩個人的「靈魂」拴在一起，讓他們白頭偕老，永不分離。然後，主婚人又拿起兩根較短的白線，分別拴在新婚夫婦的手腕上。

接著，在座的其他老人也紛紛拿起白線，分別拴在

新郎新娘的手腕上，祝福他們婚後幸福，生出的兒子會犁田、蓋房，生出的女兒會織布、插秧……

至於傣族男女結婚時為什麼要拴線，這其中的傳說有很多。有的說，古時候有個小和尚跟著大佛爺出遊，遇到一個正在鋤地的愛尼小姑娘，大佛爺告訴他：「她將來就是你的妻子。」但是小和尚卻看不起愛尼人。

有一天，小和尚又見那個愛尼小姑娘正在鋤地，就把她的鋤頭奪過來，向她頭上猛砸過去，姑娘頓時倒在地上，鮮血直流。

小和尚誤以為她死了，就揚長而去。事後，姑娘被守菜園的傣族老夫婦救活，並收為養女。不久，那個和尚長大還俗了。有一天，他發現了穿著傣裝的姑娘，兩人一見鍾情傾心相愛結為夫妻並生下了孩子。

有一次，孩子問母親頭上的傷疤是怎樣來的，母親照實說了。在一邊聽著的丈夫悔恨不已，旋即向妻子承認了錯誤，妻子也原諒了他。為了表示真摯的愛情，他們用白線把兩人拴在一起，並相互在手腕上拴線，表示永不分離。

為了紀念這對夫妻忠貞的愛情，後來人們舉行婚禮時，就用芭蕉葉做兩個圓錐形的帽子（代表當年愛尼姑

娘戴的帽子），供在婚禮桌上，並為新郎新娘拴線。潔白的棉線象徵著純潔的愛情，拴線的意味著白頭偕老，永不分開。

還有一種說法，古時候有個窮孩子在王宮裡當僕人，有天公主問他：「以後我會嫁給誰呢？」

窮孩子直言不諱地說：「你會嫁給我。」

公主認為窮孩子是她家的僕人，竟敢說出這樣的話來侮辱她，真是膽大包天。一氣之下，公主拿起一把小刀向小僕人砍去。幾年之後，這個窮孩子經過許多周折，最後成為了一個國家的國王。不久，兩個國家聯姻，那個國家的公主正好嫁給了這個窮孩子。

當公主發現夫王頭上的傷疤時，悔恨萬分，當即向丈夫道歉。為了表達他們之間堅貞、純潔的愛情，就請老人用潔白的棉線把他倆的手腕拴起來，表示他們已把靈魂拴在一起，永遠不分離了。

赤腳上「刀山」的傈僳族

　　住在中國雲南怒江邊上的傈僳族，有一個莊嚴神聖的民族傳統節日「刀杆節」。每年的二月初八，傈僳族的族人們就會用這種粗獷熱烈且有些驚險的方式，紀念他們傳說中的英雄。

　　節日這天，剽悍勇武的傈僳男子會穿著傳統的傈僳族服裝，踏著古老的鑼聲鼓點，向凜凜「刀山」和熊熊「火海」走去。

　　場子中央立著兩根碗口粗、十五公尺高的長毛松木，三十六把鋼刀架成梯狀依次排開，代表五種神力的五色紙花掛在梯子兩邊，如同鮮花盛開的天梯一般，一路直伸向天空。

　　鑼鼓聲中，赤衣皂巾，束著鑲嵌貝殼的腰封，掌管儀式的「掌師」開始捧著用蒿枝和泡著紙符的「聖水」敬各方神靈，並踏著音樂，邁著舞步把聖水灑在勇闖「刀山」的傈僳漢子頭上。身穿藍衣、頭纏皂巾的勇士在刀杆下將自製的包穀酒一飲而盡，縱身跳上刀杆，赤

手握刀刃，赤腳踩青鋒，一步一高，一高一險，走向「刀山」的盡頭。

「刀山」下，熊熊篝火在燃燒，身穿傳統服裝的傈僳族男人和女人們，敲打著鑼鼓圍著梯子跳起了傳統的舞蹈。半個時辰後，篝火燃盡，鑼鼓聲中，傈僳族漢子在「掌師」的指引下赤腳躍入赤炭之中，手舞足蹈。「火海」中，他們時而踢踢踏踏，時而狂奔亂跳，踢得炭火亂濺，每個人臉上卻笑顏如花。

傈僳族慶祝「刀杆節」除了是紀念他們傳說中的英雄，也是為了消災去病。

但「上刀杆、下火海」更展現了這個民族在困難面前的那種「刀上敢上，火海敢下」的精神，或許這才是傈僳族人一直在追求的寶貴的精神財富。

女婿男嫁的藍靛瑤族

俗話説：「男大當婚，女大當嫁。」可是，在中國境內巴馬縣所略鄉一帶的瑤族（土瑤）卻與眾不同，他們盛行「女大當婚，男大當嫁」，別具一格。

男嫁到女家後，改用女方家的姓，作為女婿，在家庭成員中有同等的地位，共同享受財產，繼承產權。

在村寨裡，分到同等的生產、生活資料，人緣好精明能幹的，還可以當村幹部、寨主等要職。在社會上，他們與眾人地位平等，不會受他人歧視。

瑤族人婚嫁除了上門的女婿男嫁，還有兩種形式。一種叫做「上兩邊門」，也就是兩邊家都住，耕種兩邊家的田地，贍養兩邊家的父母，享受兩邊家的財產。

另一種是「倒回門」，就是到女家住上若干年以後，又攜妻帶子回老家住。不論是哪一種，都是經過雙方家人同意，夫妻共同商量決定的。

男人上門好處很多。首先，婚事簡辦，結婚時，男方不辦酒席，女方不向男方索取各種財物和彩禮，男方

只象徵性的拿少量禮品就行了。

其次，破除了重男輕女的封建思想，從根本上徹底解除了純女戶沒有人贍養老人的後顧之憂。最後，上門女婿，自由戀愛，婚姻自主，思想基礎好，感情深。因此，凡是上門女婿很少有離婚的現象。

那麼這個「女婚男嫁」的習俗具體形式是怎樣的呢？大致上有這麼幾個階段：當男女青年都長到18歲後，就開始講究修飾，喬裝打扮一新，女孩似花蕊朵朵，男孩個個英俊瀟灑。

他們透過趕街、走親訪友、唱山歌、打陀螺、拋毽子等方式，互相瞭解，這是認識階段。

在此基礎上，雙方互請對方到家做客，彼此進一步掌握對方為人、性格，家庭成員，家庭經濟等情況。這是加深認識、瞭解、建立愛慕之情階段。

每逢農忙季節和節假日，女方總要請男方來幫助犁地、耙田、耕種、收割、蓋房子等，這是考察對方勤勞能幹還是好逸惡勞的階段，也是最關鍵的階段。

經過一、兩年的交往接觸，雙方產生了深厚感情，女方就偷偷買布，精心地打好精緻的布鞋送給男方，男方收到信物後，就選擇買手鐲、頭簪、戒指，耳環或手

錶等其中的一、兩件送給女方，彼此作為定情物，確定自己的心上人。

但是，這些交往仍然是在祕密的條件下進行，屬保密階段。經過以上四個階段以後，女方便請男方派長者帶著幾斤酒，糖等禮品來訂親，要求上門，將婚事公佈於眾，從這以後，女方就負責籌備一切嫁妝、床上用品、傢俱等。待東西備齊，女方就擇日接男方過門。

男方出嫁即將離開家時，先由嗩吶手吹上一輪告別父母的音樂，然後對空鳴槍（粉槍）三響，放鞭炮，再跪拜祖宗和父母，與親人一一告別，在12～13人送親陪同下高高興興出門。

當送親行至離女方家二、三公里時，又對空鳴槍三響，女方家聽到槍聲後，立即鳴槍三響，示意對方一切準備就緒，可以進門。

當新郎走到家門時，雙方同時各鳴槍三響。然後新郎由一老人扶著迅速跳過燒在門口的火堆和三個竹圈子，以示淨身，隨後進門拜堂。

送親的人一一接受對方前來敬酒後，才能坐下休息，待後入宴席。

「洞房花燭夜」，本應是小倆口最幸福甜蜜之夜，

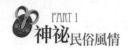

但是，他們卻不是溫柔同眠，而是把洞房的新床鋪讓給
送親的長者休息，享受女家的厚愛，

　　新郎與新娘，則分別陪同青年男女唱山歌，談情
說愛到天明。

排灣人的百步蛇信仰

排灣族是臺灣高山族的一個支系，每隔五年都會舉行一次祭祀活動，時間在農曆九月擇日舉行。

這個祭祀活動，排灣語稱「瑪勒烏克」，又稱迎神祭，為排灣人奉送神靈的儀式。

傳說，排灣族人的祖靈，每五年來探訪子孫一次，為了感謝祖先保佑他們的幸福生活，每隔五年會舉行一次祭祀活動。

節日之前，部落男子要刻畫神牌，製作長矛，女子則要釀酒，製神衣。

祭祀這天，祭儀十分隆重。人們都要穿上民族盛裝，由女巫師及男性司祭率領子裔在祖靈屋前獻供，先祭拜天地男女神，創造宇宙之神，自然神，精靈、妖怪和山、水、風、火、穀等神，儀式莊嚴肅穆而虔誠。

接著，開始盛大舞會，由全村社男女穿上民族盛裝，踩著古老的舞步，隨著歌聲和鼓的節奏，繞成一長排蛇形隊伍，一圈又圈地迴轉，象徵著排灣人的祖先圖騰

「百步蛇」的再現，氣勢磅勃，甚為壯觀。

最後，各家還要送神牌、長矛等到部落首領家裡。祭司作祭以後，選取其中精美的祭品，將它們丟棄到村外，以示送神。

節日期間有兩項大活動：一為刺球賽，一為舞會。刺球賽之前部落中所青年人要進山砍竹，在家門口插竹行祭，以驅除惡臭。然後廣場上搭一座平臺，準備刺球賽用的球。

最早以袖子為球，後來演變為藤編的球，用麻線與藤皮編成，大小如籃球，中心繫有一根繩子。

刺球在平臺前的廣場舉行，屆時部落全體青年男子都要盛裝參加。他們手持長約六公尺、頂頭很尖的竹竿，列隊站在台前，由為首的長老將球拋擲於空中，眾青年各用竹槍向球刺去，每刺中一顆球，圍觀的人們就會熱烈歡呼，以刺中次數最多者為優勝。

刺球賽意在效仿祖先刺殺敵人的英雄事蹟。比賽完畢，進行舞會和宴歡。由本村頭人邀集全村青年參加。在節日期間，每年青年都在自己身上帶來茅草結，以驅除惡靈。

排灣族人之所以舉行迎神祭，是因為對百步蛇充滿

了崇敬。

　　為何排灣族人會崇敬百步蛇呢？這裡有許多關於百步蛇的傳説。

1、和琉璃珠有關的傳説

　　綠珠是一種純綠色的琉璃珠。傳説河中有一巨石，到夜裡即變成一個男子，帶著綠珠，探視住戶，天亮後才返回河中。他想要與頭目的女兒結婚。頭目喜歡男子帶來的綠珠，便同意把女兒嫁給他。因此，頭目得到珠子，女兒及女婿則變成百步蛇離開家游向河中。

　　黃珠是一種純黃色的琉璃珠。傳説百步蛇帶著黃珠，想要與頭目的女兒成婚。頭目的女兒因為的黃珠有護身的作用，而嫁給了百步蛇，這隻蛇到白天就變成人形。

　　雖然大部分的排灣族人相信琉璃珠是祖先流傳下來的，但是實際上，排灣族並沒有製造琉璃珠的技術，而且缺乏製程的歷史紀錄。所以，排灣族古琉璃珠可能由交易與傳播而來。

2、和排灣族祖先來源有關的傳説

　　五千年前，太陽神產下了四個卵，其中兩個被一

條大青蛇孵出一對男女，即排灣族平民的祖先，另外兩個被一條百步蛇孵出一對男女，就是排灣族貴族的祖先；另一說法是兩個蛋孵出「兩個神」，即排灣族的祖先；也有人說天上的星星（另一說法為「隕石」）落在地上後由百步蛇守護著，孵出一男一女，即為排灣族的祖先。

還有種說法是古時候，神喜歡一個很漂亮的女人，便與她發生關係，生下許多小蛇。後來，這些小蛇都變成人，這些人就成了排灣族的祖先。

3、其他傳説

傳說百步蛇是地上的王，年歲大了之後，牠會漸漸變得短胖，最後會變成老鷹，成為天空的王，在天空保護人們。好人死後，就由雄鷹帶領靈魂到天界。

還有這樣一個傳説，有個老人，在狩獵的路上，摘花想帶給女兒，蛇精大怒，逼迫老人要把女兒嫁給他，否則就要把老人咬死。小女兒嫁給蛇精，結果蛇精變成一個美男子，兩人幸福地住在玻璃屋中。

大女兒嫉妒妹妹的好運，設計害死了妹妹。妹妹死後變成雞，以叫聲訴說姊姊的暴行。大女兒煮了雞，不

過她吃到的全是雞骨頭。

　　後來，埋雞骨頭的地方長出松樹，大女兒砍了樹，做成椅子，蛇精坐這個椅子很舒服，而大女兒坐這個椅子就會摔倒。

記載水族傳統習俗的古墓碑

在中國貴州省獨山縣本寨水族自治鄉天星村大寨組，有一座高大雄偉的古墓，古墓上的雕刻圖案多達137種，它深刻地反映了當地水族人傳統的道德觀念和濃郁的民族文化色彩。

水族是中國少數民族之一，主要聚居在三都水族自治縣，其餘則散居在貴州荔波、獨山、都勻等縣（市）和廣西西北部各縣。水族有自己的曆法和文字「水書」，「端節」是該民族的最大節日。

天星村大寨是一個以韋姓為主的家族聚居地，這個大家族在此居住已有十幾代人。這個古墓前後共花兩年多時間製作，每天在此工作的工匠都有10多個，用去了二萬兩白銀，僅一塊墓基便用32個壯年勞力來抬，由此可見該墓耗費的人力物力是十分巨大的。

古墓建於1942年，占地約15平方公尺，墓碑為6柱6樓廡殿頂牌樓式青石，各樓互脊角端分別有浮雕龍頭魚尾6條，龍頭相對，魚尾起翹。碑頂山字形，中間為

太陽神狀，各簷口雕有龍鳳圖案，門枋上浮雕一對盤龍戲珠，雙鳳呈祥，6根石碑柱呈芝麻杆形，分別用行、隸、楷3種字體刻上墓聯3副。前柱聯為：「碑碣巍峨征吉穴，龍山掩靄兆英豪」；中柱聯為：「芳塚卿雲護，玄燈漆室明」；後柱聯為：「陵谷無渝鍾善士，神靈有意鞏佳城」。

6根柱子上還刻有6對石獅子，大小不等，神形各異，部位不同，稍大的一對石獅威武地立於供臺上，供台高120公分，長200公分，寬70公分。上坎邊簷刻有一口鍋6個碗4盤酒菜，還有1壺酒3個酒杯，在供臺上豬、羊、雞、魚、螃蟹、大蝦、泥鰍等葷素菜應有盡有；下坎邊簷也雕上一桌豐盛的果品，有栗、梅、柚、梨、桃、李等水果9盤之多。

龕臺上有一橫聯上書「永昌百世」，下面是八仙過海、牧童晚歸、文房四寶、釀造作坊、尊老愛幼、懲辦盜賊等浮雕圖，一幅一個場景、一幅一個故事。

經統計，整座墓碑上的各種圖案有137種，且全部精雕細鏤，造型生動。墓碑上的各種浮雕是該民族智慧的結晶。

這個古墓引起不少學者的關注和研究，首先是水

族人的祭祀文化。從墓碑上下坎邊簷雕刻的擺設來看，水族人用於對祖先的供品不僅葷素可用，而且還注重供品的分類，上坎供的是以素為主的食品，下坎供的是蔬果，這與水族人的日常生活和過節時無節不供奉的習俗是相吻合的。

有人對水族的節日進行研究和統計，認為水族一年的節日至少有15個左右，每個節日都離不開對先人的敬供，而透過他們的敬供行為，又使人們看到了水族的拜神文化是如此的虔誠，墓碑頂上的山字形雕著太陽神，接著龍、鳳、虎、獅各顯其態，將民族對諸神的崇拜淋漓盡致地表現出來。

另外，水族是一個對水有著特殊感情的民族，但他們的拜霞、拜善、韻娘、立岜、借咬里、略奇拱等節日，自始至終都以拜祭為主要內容，而且都以物（石頭、大樹、水井）寓神而拜祭，在封建階級統治的社會，他們沒有認識自然和改造自然的能力，只有將樸素的願望祈求於他們心目中的神靈，這一獨特的拜神文化為這個民族增添了幾分神祕，但不管其拜祭方式是怎樣的，都離不開這三個方面的內容：

1、祈求上天四季降恩、人壽年豐。

2、是祈求祖先保佑子孫、人丁興旺。

3、是祈求神靈消災免禍、老少安康。

由於水族的拜神文化與生產生活息息相關，並與原始的宗教活動融為一體，嚴格地受著水書的直接支配，所以，他們的節日又都具有原始的道德觀念，這種道德觀念牢固地被一代代地傳承下來。

不過，這其中令人感到困惑的是，在整座墓碑石刻中，卻找不到水族特有的文字水書。

水書是水族先民獨創的一種古老文字，有悠久的歷史，由於歷史和本身固有的原因，水書沒有得到應有的發展和在社會生活中的廣泛使用，在很長的時期裡處於一種停滯的狀態，而如今這種文字，仍然處在初級階段的萎縮——消失——挖掘——又消失——又挖掘的趨勢中。

現在掌握這種文字的人越來越少，民間僅為從事原始宗教活動的部分人掌握，他們像苦行僧一樣，寂寞而固執地繼承和使用著，同族人稱他們為「水書先生」，而一般外界人士都從水書先生利用水書從事原始宗教活動這個表面現象出發，稱他們為「巫師」或「鬼師」，不管是「水書先生」還是「巫師」、「鬼師」，這裡的

褒貶已無實際意義，他們為水族人繼承水書這種遠古象
形字的功績是不可埋沒的。

　　水族的水書以家族傳承為主要脈絡，傳男不傳女，
受傳承的男人能學有所用將獲得一畝田或一座山的獎勵。
由此說來，天星古墓的石刻，側面讓人們瞭解了這個民
族在歷史長河中，形成的各種習俗和文化。

燕趙人的娶親風俗

　　很早以前，中國邯鄲一帶，便有新郎娶媳婦抹黑臉的風俗，同時也有新娘子上轎嫂子們拉拽塞轎的習慣。

　　為什麼會有這樣的習俗呢？這其中，還有這樣的一個故事：

　　傳說在很早以前邯鄲城西有個叫肖窪的小村，村裡有名十九歲的小夥子肖山，長相英俊，人又勤勞善良，只可惜他自幼父母雙亡，家境貧寒，所以沒人肯上門為他說媒而一直孤身一人。

　　而肖窪村十裡之外有個桃花鎮，鎮裡有個叫冠秀的姑娘，是富甲一方蘇員外的獨生女，不但人長得如花似玉，且又知書達禮。

　　這一年，冠秀到了十八歲，員外想為她尋個富家公子，可是冠秀決定要高樓打彩，來個「不圖莊院不圖地，挑個風流好女婿」。員外只好搭起彩樓，單等八月十五讓女兒打彩擇婿。到了打彩那一天，樓前人山人海，肖山也想湊個熱鬧，開開眼界。

　　沒想到，冠秀的彩珠，偏就打中了肖山，肖山又驚又喜，其他小夥子們又羨又妒，同時也氣壞了一位過世姑娘的亡魂。

　　這姑娘是桃花鎮楊員外的千金，名叫沁香。她生前原想拋彩擇婿，怎奈她爹硬把她許給告老還鄉的陳天官為妾。沁香哭得死去活來，不出半年就憂鬱而死。

　　而今天，卻聞知冠秀打彩，她也想來看個究竟，沒想到對中彩的肖山一見鍾情。因此一縷陰魂不散，跟定了肖山。

　　到了晚上，沁香現出身形，把自己的遭遇告訴了肖山，並提出要與他成親。肖山不肯，沁香惱羞成怒，威脅說：「你如不從，到你成親那天我必毀你容顏。」說完就不見了。

　　肖山又急又怕，第二天一早跑到蘇家，把昨晚的事情說了一遍，全家人一聽全傻了眼。只有冠秀的嫂子平靜地說：「大家不必擔心，娶親那天我自有主張。」並把婚期定在九月初一，以防夜長夢多。

　　大喜之日那天，肖山騎著大馬，跟著迎親的花轎來到蘇家，在上房等候新人上轎。不一會兒，聽外面喊女婿上馬，肖山剛要站起，冠秀的嫂子突然伸出雙手往

肖山臉上一抹，肖山白生生的臉兒，一下子成了黑鍋底。接著高聲喊道：「妹夫變成醜八怪，妹子不走嫂子拽。」說罷，一把拉住冠秀塞進花轎裡，迎親的人便吹打著走了。

　　這時，等在村口的沁香，看到肖山奇醜無比，心想：我沒有得到俊郎君，妳冠秀也沒得到。於是，沁香便大笑著走了。

　　從那以後，邯鄲一帶便留下了新郎抹黑臉，新娘子上轎時，嫂子們拉拽塞轎的風俗。

山西民間的捏油燈

　　中國山西晉西北的岢嵐縣，有個民間傳統風俗，就是在每年過年時都要點燈。點燈的時間按照中國農曆計算，為每年正月初十至二月初二，在這幾天晚上，人們都要點油燈。那時村鄉里，家家戶戶燈火通明，歡聲笑語，一派歡樂景象。

　　岢嵐縣人捏燈盞所用的材料是面，所用的面料有蕎麵、糕麵數種，然後捏成各種形狀。捏蕎面燈盞，要捏成形後放在蒸籠中蒸熟；糕麵，即軟黃米麵燈盞，是在做成蒸熟的素糕後才捏成燈形。

　　當地的婦女在捏燈時，要求捏得越薄越好。當地人的說法，捏得超薄，生下孩子眼皮就薄，而且機靈。

　　當地人捏燈，要把燈口捏出角，藉以表示月份。這種燈盞內燃燒的燈芯，有用棉花撚成撚子的，也有用龍鬚裹上麻紙燃燒的。

　　岢嵐燈盞式樣很多。最簡單，最普通的是捏成單燈。這種燈，光捏底座，呈圓臺形，然後，再捏底座上面的

燈盞，為酒盅形狀。這種燈盞，中間有柱形燈口，側於邊上，可插燈芯，周圍是儲存燃燈油的地方。

為了使燈的造型更好看，當地人還往往在燈旁捏出各種人物或動物作為裝飾，或馱、或銜，各種姿態都有，活靈活現，生活氣息濃郁。

「水鴨子」和「飲馬漢」，往往按當地習俗，要放在水裡漂浮，意在祈禱風調雨順；「看米老婆（漢）」，是捏成老漢或老婆抱燈，笑顏逐開地坐在米缸上，表現出對於豐收的喜悅；「貓燈」會被放在貓常出沒的地方，以此來鎮鼠害；「牛槽燈」一般會放在牛棚內，意在保佑耕牛健壯，日漸興旺。

當地人還捏成「滿炕炕」，造型是活潑的小人手聯手圍住一盞燈，這裡還有要求，這小人的人數要與自己家裡的人數相等才成，這種油燈，常常點在炕上，以祝福全家人幸福、平安。

岢嵐人點燈，還有很多時間講究。正月十五點燈，意在驅除鼠害；正月二十小添倉，二十五為大添倉，點燈意在來年糧食滿囤，衣食豐足；添倉節點燈，還要打灰窯，燈下為五穀，燈形是肥豬，燈下五穀，如果那一種發芽率高，就說明這種糧食當年會豐收，農民就要選

育這一品種；「二月二」龍抬頭時，也要點燈，這種
燈，是專為羊群「小羊增多，大羊肥胖」而點。

更有趣的是，每次點燈，奇嵐人都有偷燈戲耍的習
俗。孩子們在這幾天偷燈特別活躍，偷燈色彩神祕，且
為家長所默許，家家戶戶如此。

為應付這種情況，當地人燈盞要充裕，避免被偷走
後沒有備用的燈盞。

不婚的自梳女

在中國清末民初蠶桑業比較發達的南海、順德、三水等地區，流行著這樣一種風俗，已屆婚齡的女子，自己把髮辮盤在頭上梳成髻子，表示終身不嫁的意思，這些女子被稱為「自梳女」，又稱「梳起」。

自梳女不結婚，她們會擇個良辰吉日，在親友面前自己把辮子改梳為新婦髮型，然後在神靈面前喝下雞血酒，立下終身不嫁的重誓。而且「梳起」之後，終生不得反悔。

不過，這種習俗是怎麼產生的呢？究其原因大概有兩種：一來，按照中國舊俗，女子出嫁時須將辮子盤在頭上，梳成髻子，可是不少農村女子，為了擺脫夫權的束縛和虐待，寧願犧牲青春，矢志不嫁；二來，當時蠶絲業比較發達，需雇用大批育蠶、製絲的女工，這為尋找出路過獨身生活的女子創設了自食其力的經濟條件。

《順德縣誌》曾記載：當時，順德蠶絲業發達，許多女工收入可觀，經濟獨立。

　　她們看到一些姐妹出嫁後，在婆家受氣，地位低微，因此不甘受此束縛，情願終身不嫁，於是產生了自梳女。珠江三角洲其它地區的自梳女情況與順德相仿。

　　然而到了上個世紀的30年代，珠江三角洲地區蠶絲業衰落，這一帶的年輕女性聽說到南洋打工收入豐厚，遂結伴前往，許多女性在南洋打工多年，沒有談婚論嫁，五、六十歲時，買來供品拜祭天地，也就成為了自梳女，而她們就是中國最後一批自梳女。

　　位於順德均安鎮的冰玉堂，肇慶市端州區塔腳路觀音堂，這兩個現存最古老的自梳女的聚集地就是被專家稱之為「中國歷史上最後的一群自梳女」的特殊部落。

　　「自梳」是一生的承諾，「自己的頭髮自己梳，自己的飯自己煮，自己的苦樂自己享，自己的生活自己養。」這是自梳女給她們自己的全部詮釋。

　　然而，雖然身體獲得了自由，但是自梳女的晚年命運卻十分凄慘。如果年輕的時候沒有拼命積點血汗錢買房產，而是與其他姐妹共同買一間房子作姑婆屋，臨死的時候可能連停屍的地方都沒有。

　　因為按照俗例，自梳女不能死在娘家或其他親戚家，只能抬到村外，死後也只有自梳姐妹前往弔祭掃墓，所

以一些自梳女被迫「守墓清」。

「守墓清」是守節之意，又叫「買門口」，有「墓白清」和「當屍首」兩種形式。即自梳女找一死人出嫁，做死者名義上的妻子，以便將來可以老死夫家。自梳女要付給婆家一筆錢來「買門口」。自梳女「守墓清」買了門口，便可算作男家族中人。

「墓白清」又稱嫁神主牌，即某家有早已夭折的男性，不論是童子或成年，只要死者家長同意，自梳女就可出錢買作那一家當媳婦，買成後，要舉行「拍門」。所謂「拍門」，就是當自梳女來婆家認作媳婦時，婆家先把門關上，自梳女要「拍門」，阿婆在屋內提出種種難堪的問話，如「我家清苦，妳能守嗎？」，「以後不反悔嗎？」等等，自梳女必須回答得讓阿婆稱心後，阿婆才開門，自梳女入了門就算被接納為這家的媳婦，以後，自梳女必須經常在經濟上貢納給婆家，翁姑死時，要前去執喪。

另一種形式叫「當屍首」，即當男子死而未葬時，自梳女嫁去作死者之「妻」，要披麻帶孝，守靈送葬，以後，如翁姑稍有不滿，可趕出家門不再認作媳婦。可憐自梳女受盡精神和勞累身體的折磨，才換得個死的

「門口」。

除了自梳女這種女子不嫁習俗，還有一種習俗叫「不落家」。即有的女子，因決心要過獨身生活，雖瞞著父母已祕密自梳，但終因拗不過父母的逼迫而出嫁，所以只好採取婚後「不落家」的辦法來應付父母。

蓄意不落家的婦女，臨嫁時祕密請知己的大嫂、大姐們傳授洞房花燭之夜的應付辦法，並請金蘭姐妹特製一套防衛衣服，衣服製成上下相連，夾口處縫得特別牢固，以至無法扯開。她們會自帶一把剪刀作自衛，不讓新郎貼近其身。如新郎以暴力相逼，即厲聲呼救，以金蘭姐妹扮演的大嫂聞聲後，便會集體前往救護，幫助新娘解脫。後在夫家住至三日，「回門」後就不再返回夫家了。

不過，不落家婦女在夫家仍是主婦名分。夫家如有紅白喜喪之事時，還要派人回去以示關照。若是翁姑或丈夫過世，必須親自回去「上服」盡孝執喪。

本人要是病危將逝時，不能留在娘家辦喪，必須回到夫家去待終。彌留期間的飲食、醫藥及身後費用，均由女家負責。夫家要以主婦之禮儀進行辦喪，遺產留給妾侍或庶出子女。但其中也有人不肯回夫家，而死於

「姑婆屋」或尼姑庵的。

　　自梳女與不落家，是在封建制度下於中國清代後期
興起的，唯珠江三角洲獨有一種畸形風俗。這些自梳女
與不落家的典型風俗，現已自行消失。

崇蛇護魚的奇俗

在中國，有很多村落有著一些奇特的習俗，有的「男不外娶、女不外嫁」、有的「不吃豬肉」、有的「不吃狗肉」等等，但是你聽說過有些村落的崇蛇習俗嗎？你知道有些村落從不捕魚、食魚嗎？

在福建省漳州市平和縣文峰鎮有個叫三平村的村子，這個村子直到今日還流傳著古老的崇蛇習俗。

在那個村子一帶生長著一種黑色無毒蛇，大的長1公尺多，小的僅30公分長。當地人把蛇當做保佑家居平安的神物，尊稱蛇為「侍者公」。因為他們覺得家裡有蛇是吉祥的象徵，越多越吉利，因此蛇歷來受保護。

人不怕蛇，蛇不怕人，人蛇共處，習以為常。有時蛇會鑽進被窩，捲曲在主人的腳旁，若夜間行路不小心踩到蛇尾，被蛇咬上一口，也一笑了之，絕不報復。有蛇穿堂入室，主人亦會高興地誇耀說：「侍者公到咱家巡平安了。」

村子裡這種崇蛇習俗的由來，說法不一。一種說法

是1000多年前，這裡的深山密林中，常有蛇妖出現，危害群眾。到了唐代會昌五年（西元845年），僧人楊義中用法刀制服了蛇妖，從此蛇妖改邪歸正，成為義中和尚的隨從侍者。

另一種說法是，福建古代居住的閩越族，是以蛇為圖騰加以崇拜的，三平村崇蛇是一種上古遺風。而第二種說法似乎更具說服力，也更能為人們所接受。

而在福建閩東市周寧縣城西5公里的浦源村，也有一種奇特的習俗，那就是「護魚」。

浦源村有一條小溪穿村而過，溪長不足半公里，寬僅3.4公尺，但卻棲息著六、七千尾五顏六色的鯉魚，人稱鯉魚溪。這裡居住著宋代從河南遷徒來的鄭氏後代。千百年來，他們在溪中飼養鯉魚，從不捕食。淳樸的民風，使鯉魚習性與眾不同，牠們與人相親，聞人聲而來，見人影而聚，出現溪中彩鱗翻飛、溪畔笑聲琅琅的人魚同樂的動人情景。

若在溪畔投以食物，魚則歡騰跳躍，爭相逐食，還會親熱地行吻手禮。每當山洪暴發，鯉魚就會咬住溪邊的蒲草，不願隨波逐流而去。每有死魚，村民必撈起，將其安葬在魚塚之中。

　　這種人魚同樂的奇俗，吸引了眾多的海內外遊客。現在，鯉魚溪下游興建了一個具有江南園林景致的鯉魚溪公園，園中有一魚池，池中有觀魚亭、九曲橋、荷葉橋、拱月橋及遊廊等，形成了一處環境優美，特色獨具的遊覽景點。

古代明教殘存的奇特風俗

在中國浙江溫州蒼南縣沿海炎亭、括山一帶，千百年來一直流傳著一些奇特風俗：穿一身素白衣服為死者做超度；一些老漁民每日早餐必先素食三口白飯，而後才用菜肴。

還有一些老人至今堅持朝拜太陽，晚拜月亮。當地人的祖上淵源，幾乎都可追溯到閩南或閩東，普遍信奉媽祖。然而媽祖信仰中，並沒有這種風俗，而人們所熟知的其他宗教也同樣沒有這樣的習俗淵源。

1982年，在浙江省第一次文物普查時，人們發現《平陽縣誌》中邑人孔克表的《選真寺記》寫道：「選真寺，為蘇鄰國之教者宅焉。」地點在「平陽郭南行百十里，有山曰鵬山。」蘇鄰國即古波斯，蘇鄰國教即摩尼教，宋代以後漢化的摩尼教就是明教。

「平陽郭南」當時已劃入蒼南，應在金鄉、炎亭、括山一帶，正是有著淵源不明的奇特風俗流傳的地方。

有些人認為，這些風俗竟然與金庸在武俠小說中提

到過的「明教」有關，而之前，很多人都把明教當作一種文學虛構。

如果明教確實存在過，那麼自明朝建立之後，它還存在嗎？現在又在哪裡？

其實，穿素白衣服超度是明教徒白衣白冠的遺俗，而素食三口白飯，正是明教「長齋」習俗的變通：漁民長年在海上搏鬥，僅憑素食無法增強體質，不可能不喝酒不吃肉，只好以三口白飯代替素食。

早在13世紀就已幾近絕跡的神祕宗教，竟在中國東南沿海頑強生存著。它是飄洋過海而來，還是橫越大漠而來？歷史的塵埃湮沒了一切，僅剩幾座荒寺殘垣、幾卷殘破書頁。直到殘存的奇特風俗被世人關注，古代明教的千年興衰才漸漸露出冰山一角。

若一個地方突然大規模地興起新宗教，不外乎兩個原因：一是有組織地傳教，二是移民帶入。

地方文獻及相關史料均未有明教傳教士在溫州活動的記載，於是移民便成了溫州明教興起的唯一原因。明教從波斯不遠萬里來到溫州，只有兩條路徑：一是沿絲綢之路西來中土再向南傳入溫州，二是沿海上絲綢之路從泉州上岸，經福建北上溫州。

　　文獻記載，溫州歷史上有三次大規模的移民潮：唐末五代閩東移民潮，南宋乾道二年（即1166年）溫州洪水後官府動員大量閩人入浙，明末清初閩南移民入浙。

　　明代何喬遠《閩書》記載，唐武宗「會昌滅佛」中，連帶禁了摩尼教，有一位明教僧侶呼祿法師避難來到了福建繼續傳教。當時海上絲綢之路已經繁盛，有很多波斯人、阿拉伯人來到泉州，閩浙一帶明教的持續興盛，與這些人也有密切關係。

　　選真寺所在的彭家山，位於今天的金鄉鎮西側，而古代金鄉是閩浙交通要道橫陽古道上的重鎮，又近海，歷來有「兩浙咽喉，八閩唇齒」之稱。

　　因此，不管明教從海路還是陸路過來，都有可能把這一帶當作橋頭堡，再向北發展。

　　至明初，閩浙兩地已成為中國僅存的明教流行區。此時溫州明教依然活躍，引起了官府的注意。浙江按察司檢事熊鼎藉口明教上犯國號予以禁絕，明朝皇帝於是下旨「……明教、白雲宗會等，為首者絞」，明令禁止明教活動。

　　喪失了公開活動權利的明教，終於在明代中葉以後

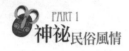

逐漸混同於佛道及其他宗教，很難再從外表上識別了。
明教因依附佛道而獲得頑強的生命力，最終也因為依附
佛道而走向不可逆轉的沒落衰敗。

海島人神祕的祭床習俗

在中國浙江舟山的海島上，流傳著一種祭床習俗。祭床其實就是祭的床神。而床神信仰流行於宋朝，距今已有一千多年了。

在海島，人們所認為的床神就是床公和床母。《清嘉錄》中有句話：「以酒祀床母，以茶祀床公。」

床公和床母到底是什麼人呢？海島上有各種各樣的傳說。其中一個說法，認為床公和床母是周文王夫婦。

周文王活了97歲，生有99個兒子，後於燕山收養了雷震子，湊成百子之數。由於周文王人活百歲，生有百子，是「多子多福」的楷模，自然被漁民尊為床神。其原因一是舊時漁民風險很大，傷亡過重，比內地農民更需多子多福來支撐家庭。

另因「姜太公八十遇文王」，姜太公又是捕魚人的先祖，這也是信奉周文王夫婦為床神的另一個原因。

還有人認為床神是龍母，因為海島流行的《洞房經》中把龍母作為漁家子女的大媒人，並為新人置龍床，贈

鳳被，故而信仰之。

文獻記載中認為「床母貪杯，床公好茶」，這倒是很特別。因而海島上也有「男茶女酒」之説。

海島的習俗，祀床神時，除了酒和茶外，還有糕果和水果。説是糕果充饑，水果解渴，均不可少。當然，還要在床頭、床後焚香，但不燃點蠟燭。這也是特別之處。祭床的時間，一年一度均在正月十六夜進行。因其他原因祭床的，不受時限。

在海島，在嬰兒出生後的第三天，中國北方叫「洗三」，舟山人叫「洗床」，即這一天要祭床公床婆，有著並用兩個酒杯合攏蒸糯米的習俗。米的上端要安放一粒紅棗，意謂「棗」「早」諧音，嬰兒「早日成長」。待放置鍋裡蒸熟後，供在床神前，然後分送給鄰居的小孩，俗稱「相諒盞」習俗。

到了嬰兒滿月那一天，還要有親人執床神的焚香，引嬰兒到海灘去與大海結緣。結緣後，仍把床神香插在床頭。此俗，謂之「大海為床，藍天作帳」。嬰兒長大後，下海不會嘔吐，划槳不會暈浪。這是因為他從小就視大海為床，對海上的風浪早就習以為常了。

其實，在海島，祭床的頻率還是很高的。除正月十六

外，日常行為中安床、結婚、育兒、生病、喪葬等，都要「祭床」。

「安床」就是要按男女雙方生辰八字、窗向、神位等來決定新床的位置，忌諱與桌櫃衣廚相對，並要擇吉日良辰進行。安床後，當晚要拜祭床婆。結婚時，新婚夫妻入洞房先要跪拜床神，然後才能安寢。希望床神保佑，夫妻和睦，日子美滿。

如育兒，產婦生下孩子後，要在產房設置床婆的神位，並要供祭香和糕點，由產婦抱著嬰兒向床神跪拜，祈禱在床神保護下母子平安，嬰兒健康成長。此外，海島人或生病，或喪葬，都有一套特殊的祭床習俗。如生病，海島人棒打床神，逐邪鬼出床。如喪葬，到海邊去燒床單，請床神引鬼魂入海，都非常有趣。

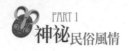
四千年前的剝頭皮風俗

　　在中國河北、河南，考古學家門發現了五枚距今約四千年左右的頭蓋骨。這些四千年前的頭蓋骨，與以往發現的遠古人類頭骨有很大的不一樣，它們上面帶有一些特殊的切割痕跡。

　　經過一番研究和調查，中國考古學家根據這五枚特殊的頭蓋骨，推斷中國古代有類似美洲印第安人的剝頭皮風俗。

　　美洲所發現的最早的剝頭皮實例，可追溯到西元前2500至西元前1000年前。而歐亞大陸發現的標本和美洲的標本差不多同樣古老。目前在歐亞大陸發現的幾例剝頭皮行為中，以中國的為最早。

　　中國社會科學院考古研究所研究員説：「這種令現代人毛骨悚然的風俗，曾廣見於歐亞大陸北部和美洲印第安人文化中，但在中國古代文獻中很少有記載。」但是，在中國河北、河南發現的五枚特殊頭蓋骨卻用真實實物的形式，向人們印證了在中國歷史上，也曾經有過

剝頭皮的習俗。

可是，這種習俗是從何而傳承、如何沿襲又至何時消失的呢？這是現在的考古家仍在思考的一個問題。

也許，剝頭皮這種奇特又殘忍的風俗，正是因為它神祕的面紗尚未有人真正揭開，才讓它的歷史如此令人著迷。

「北斗七星」葬式

　　1956年5月，中國考古學家開始了對中國明定陵的挖掘。明定陵是明十三陵中第十座陵墓，位於北京西北郊昌平區境內的燕山山麓的天壽山，埋葬的是明朝第十三位皇帝神宗朱翊鈞(年號萬曆)和孝端、孝靖兩位皇后。定陵在明十三陵中規模較大，與永陵相差無幾，僅次於長陵，占地面積18萬平方公尺。

　　1957年，定陵的地下玄宮被打開。它是中國第一座有計劃發掘的皇陵，由此也揭開了明代帝王陵墓的祕密。

　　定陵地宮是由前、中、後、左、右五座高大寬敞的殿堂連接組成的，全部為石結構。

　　後殿（玄堂）的正面棺床上停放著三口棺槨，中間的特別大，是萬曆皇帝朱翊鈞的棺槨。另兩口分別是皇后孝端和孝靖的棺槨。

　　定陵地下玄宮的挖掘，也讓埋藏了幾百年的萬曆皇帝重新浮現在人們的眼前，而至此也發現了神奇的「北

斗七星」葬式。

考古學家發現，萬曆皇帝屍體的姿勢不同尋常，挖掘出來時仰面朝天，右手扶著自己的面頰。但是萬曆皇帝的葬式為何採用這種怪異姿勢，一直是個未解之謎。直到一篇論文出現，這個謎團才被首次揭開。文中大膽推斷認為明代帝王均採用這種身體側臥，雙腿微曲如睡眠狀的「北斗七星」葬式。

那麼，這種葬式與北斗七星有什麼關係嗎？

帝王陵墓的位置、地面佈局、地下玄宮佈局都與天象有關，那麼皇帝的葬式當然也要源於天象了。

古代，古人以紫薇星垣比喻皇帝的居處。「北斗七星」在古代被認為是極星，指向正北，位於天空中心，在星宿中屬紫微垣。

古代常以星象變化預測人事吉凶，紫微垣對應的是人間帝王，是帝星所在。所以極星北斗又被認為是天帝居住的地方。

封建皇帝認為自己是上天派到人間的主宰，往往自稱「真龍天子」，信奉「君權天授」、「天人合一」的思想，視皇位為「天位」，並時刻把自己的行為與天聯繫在一起。

　　每當天空有變化時，他們便「自省」，認為是自己哪些地方做得不對。基於這種思想觀念，他們將死視為「升天」，所以皇帝升天也就意味著到北斗七星上去住了。

　　在十三陵中，明代開國皇帝朱元璋的陵墓孝陵，主要建築走向就呈北斗七星佈局。

　　孝陵反映的是陵寢地面佈局（因地宮未發掘），已發掘的明定陵地宮的佈局即是仿生前皇宮模式，也是源於天象。

　　在古代，基於原始的宗教迷信思想，大多以為人死後靈魂還在，並且和活人一樣，有飲食起居等各種要求。基於此因，歷朝帝王的陵墓大多反映著其生前所居宮室的某些形式和特點。

　　除此之外，在陵墓選址上也與天象有關，陵址的前後左右要有山，象徵前朱雀、後玄武、左青龍、右白虎。以山象徵天上的星座，而皇帝的陵則位於星座之間，自然皇帝也置於天宮之上了。所以，歷皇帝的葬式採用「北斗七星」是源於天象的。

　　然而也有學者從古代風水學的角度來看，他們認為這種「北斗七星」式的S形葬式最能夠「聚氣」。

　　古代科學還不發達，古人對天體有一種神祕感，認為北斗七星具有避邪功效。例如，河南西水坡六千年前的仰韶文化遺址，就發現墓主人東西兩側和腳下，分別塑龍、虎和北斗天象圖。古人還把它刻在避邪劍上，其奧祕在於北斗七星的形狀恰為一個巨大的聚氣的S形。

　　皇帝選陵址，要選能「聚氣藏風」的地方，選擇標準是山環水抱，因山環水抱必有氣。

　　在風水學中，用「曲則有情」來形容水和路的吉祥。山脈的起伏呈S形，河流則更明顯，總是蜿蜒曲折。明孝陵和明十三陵的選址及設計是與古代的風水理論相合的。

　　按照「事死如事生」的觀念去分析，皇帝死後，也需要生氣，「北斗七星」式這種S形葬式能夠「聚氣」，有了生氣，就有了萬物，預示著子孫萬代繁衍旺盛。如果依此而論，帝、后的葬式源於天象是有一定道理的。

　　朱元璋曾採用天象來設計皇宮、帝陵，他的思想一定會影響到子孫後代。明十三陵所葬都是朱元璋後代，在陵墓選址和規制上均效仿明孝陵。作為明太祖朱元璋的子孫，又身為皇帝的朱翊鈞的葬式「源於天象」也就不奇怪了。

　　目前，明代帝王只有萬曆皇帝朱翊鈞的陵被發掘出來了，其他的陵還未發掘。但專家據此推斷，從朱元璋開始明代的帝王可能都採取「北斗七星」葬式。可是，對於上述說法，也有學者一直持反對觀點。

　　他們認為雖然關於帝后葬式，目前尚無史料記載，但是孝靖後骨架情況應與原葬式相似，而萬曆帝與孝端後則有出入。

　　因為人死後入葬，不可能故意擺成一腿彎曲一腿直伸狀。顯然，萬曆帝的葬式不是原狀，而應該是向右側臥，這樣出現晃動屍體必然倒向左側，所以萬曆帝左腿直伸。

　　而且根據棺槨入葬情況分析，萬曆帝的棺槨確實有過碰撞的記載。因為棺槨是從百里之遙的京城靠人工抬運到山陵，沿途顛簸。

　　據《泰昌實錄》記載：葬神宗皇帝及孝端皇后時（孝靖皇后比萬曆皇帝早逝九年，已入葬於天壽山東井平崗地）僅抬運軍夫就多達八千六百人。

　　一路上繩索常有損壞，不斷更換。棺槨到鞏華城時（今沙河），抬棺槨的木杠有斷裂聲，右邊一角曾墜地。

　　所以，這樣完全有可能使屍體姿式發生改變，因此
「北斗七星」葬式根本不成立。

　　但是，事實是怎樣的呢？看來只有等待後人進一步
的挖掘與對比，才能找到更有力的證據。

PART 2

離奇民俗風情

女人娶「老婆」

　　大家知道，世界上只有男人娶妻，殊不知還有女人「娶妻」的呢！然而這個「天方夜譚」就出自非洲蘇丹的努爾族。

　　在蘇丹南部的克雷亞地區，有一個以牧牛為生的努爾族。在這裡，常常會看到全村男女老少興高采烈，在非洲特有的達姆鼓等打擊樂器的伴奏下，縱情地載歌載舞；家家戶戶殺羊宰牛熱鬧非凡，喜氣洋洋。

　　兩個打扮得花枝招展的「新人」，分別側身坐在兩頭毛驢身上。他們身上均裹著鮮豔的婚紗，頭上罩著絢麗的面紗，可是令人驚訝的是，這兩人居然都是女人！

　　這兩個女人所乘坐的毛驢披紅掛綠，頸脖上的每顆鈴鐺清脆作響。她們一前一後在眾多親友的簇擁下，浩浩蕩蕩前往「新郎」家……

　　蘇丹是非洲面積最大的國家，克雷亞地區約有40多萬人口居住在一大片草原上。

　　努爾族人就居住在那裡，至今保留著這種世界上絕無僅有的奇異風俗——女人「娶妻」的民族。

　　到底努爾族為什麼會有這麼奇特的習俗呢？原來努爾族人的傳統觀念認為，一個家庭，人丁興旺、子孫滿堂，才是家族強盛的標誌。因此，為了達到這一目的，除了正常的男婚女嫁外，同時還允許女人「娶妻」。

　　不過，並非所有的女人都有資格「娶妻」。法律嚴格規定，她必須具備特殊條件才能享有此權，即必須是不能生育且又離了婚的人；或是因種種意外事故而成了家中惟一的倖存者。這樣，大夥才把她看成是「男人」，可以「娶妻」。

　　這種「丈夫」除性別與男人不同外，在家中所承擔的責任和義務與真正的丈夫是一樣的。她「娶妻」的目的也是為了繁衍後代，以便後繼有人。但是這樣的「同性」家庭怎麼達到這一目的呢？

　　原來，在生育方面，努爾族人不太介意血緣關係。因此，她要邀請一位男性親屬與她的妻子生兒育女。也就是說，她是「名義丈夫」，而其妻所生子女都是「婚外情」的結晶。

　　雖是「私生子」，但孩子們都隨她的姓，並稱其為

「爸爸」。這樣後代就名正言順地納入「父系」門庭之中，以延續「香火」。

　　孩子們也都像尊重男性父親那樣尊重她，因為她是這個越來越大的家庭的主宰。

土耳其的賠妻制

　　土耳其歷史古蹟最多的東部及東南地區，也是土耳其存在各種奇風異俗最多的地區。在這裡，常常可以聽聞許多奇異事件，如未婚女性被迫接受處女膜檢查，或涉及感情出軌的女性讓父兄私刑處死等事件，除此之外，這裡還發生過「賠妻」事件。

　　在土耳其東部艾祖隆省的卡拉亞茲地區，70歲的老翁艾德梅有一位20歲的妻子艾琴。在結婚五年生下五名子女後，艾琴和15歲的小情人塞維爾私奔了，於是，艾德梅依傳統「賠妻」制找上塞維爾的家人索賠「遮羞」。

　　艾德梅所屬的馬蘇拉族與塞維爾家庭所屬的木庫特族父老在商議之後，決定由塞維爾的13歲妹妹卡芮耶作為「賠妻」，嫁給艾德梅，家境清寒的塞維爾家庭只好接受這項判決。

　　但就在雙方依宗教婚姻模式舉行婚禮後，不到六小時，卡芮耶上吊自殺死亡的屍體便被鄰人在洞房外發現

了。毋庸置疑，卡芮耶顯然是不堪艾德梅的強暴淩虐而羞憤自殺死亡。這讓人不僅對土耳其的賠妻制產生了質疑。

在土耳其，「賠妻」指的是如果某人的妻子外逃，丈夫可向妻家索賠，妻家必須賠償一筆巨額金錢，否則就必須推出一名未婚女兒為「名譽賠償品」，依土耳其普遍存在的回教婚姻儀式，成為該男子的非法妻子，也就是所謂的妾，無法律地位。如果妻家既無錢又無人，則唯有殺掉外逃的女兒以作回應。

但是如果某人的妻子是隨他人私奔，則拐帶女子的男性家庭，必須推出一名未婚女兒作為該丈夫的「名譽賠償品」，否則就得任該丈夫的要求，賠償一筆龐大的遮羞費或土地、房產。

流行於世的裸體婚禮

　　步入婚姻殿堂的新婚夫婦，都希望自己有一個終生難忘的婚禮，所以現在諸如空中婚禮、海上婚禮、水下婚禮等奇特的婚禮形式開始流行。

　　伴隨這種風尚，一種叫「裸體婚禮」的形式悄悄在日本流行起來。

　　其實和傳統的婚禮相比，赤裸體婚禮的程序上沒有什麼特別。只是在婚禮前，新人們必須在發送的請帖上講清楚婚禮著裝情況，如果需要，還會電話再次告知。婚禮大廳專門為賓客準備了更衣間，方便客人們更換和儲放衣物。

　　婚禮當天，在婚禮上的新郎和新娘都不穿結婚禮服而全身赤裸。

　　參加的賓客可以自由選擇穿或者不穿，然後賓客們按照是否穿衣被分別安排坐在不同的區域，選擇不穿衣服的也大多都是思想前衛的年輕人。

　　其中熱情的司儀一般也是不穿衣服的，而且他還會

頻頻鼓勵穿著衣服的人脫下衣服，坐到赤裸賓客的席位上。但是一般傳統觀念較重的雙方父母，是不會做出這種驚人舉動的。

穿裙子的斐濟男人

斐濟位於美麗的南太平洋島，是一個具有獨特神祕風俗的國家。在斐濟尤其引人注意的是習俗，是當地的婦女不喜歡穿裙子，而男人卻特別喜歡，男人也比婦女更愛打扮。

在斐濟城市的大街和酒店外的海灘上，到處可以看到身穿大花襯衣和齊膝的毛料裙子的男人，這種裙子是當地男人的家居服，稱為「solo」。在蘇瓦島，大街上那些高大威猛的男員警們也是穿著「solo」指揮交通的，而且是那種裙邊剪成三角形的裙子，充滿了南太平洋島國的原始美感。有趣的是，斐濟女人卻對此不太熱衷。

依照斐濟風俗，女性不便袒露太多肌膚，因此樂意穿裙子的女人不很多，就連街上的女員警，也都穿著包得嚴嚴實實的制服長褲。女員警們著褲裝，遠沒有男警們來得「嫵媚」。

斐濟人的服飾別具特色，現代男子穿的「solo」經

過多次改良，但萬變不離其宗，都是源於斐濟人世代穿的蓑衣裙。

斐濟全境都是珊瑚島和火山島，數萬年前，土著斐濟人靠採摘野果、打獵和捕魚為生，原始的生活方式和炎熱的氣候使他們用當地的蓑草編成一片圍在身上，具有防蚊蟲叮咬和遮風擋雨等優點。隨著社會的進步，斐濟人逐漸掌握了編織、蠟染等工藝。

他們先是在蓑草裙上塗上色彩，成為較有觀賞性的彩色蓑草裙。再來又用剝下的樹皮經過浸泡、捶打、曬乾，然後用染料塗上吉祥圖案並製成粗布。

隨著現代文明傳入斐濟，當地人已改用質地精細的布料做「solo」，用料、工藝和圖案都散發著現代特色。斐濟上層人士甚至政府官員在正規禮儀場合，也往往上穿筆挺西服，下身著「solo」。

斐濟男人不僅愛穿裙子，而且特別最珍視自己的頭髮，認為長髮最有魅力。而斐濟女人的頭髮卻正相反，年輕時可以留長，結婚時便要剪短，而且以後會不斷修剪，以至越來越短。斐濟男人不經常理髮，因此一些男人的頭髮長達1.5公尺左右。

梳理如此長髮並非易事，他們不得不每天抽出時間

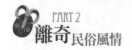
花在自己的頭髮上。為避免頭髮在睡覺時被弄亂，有人還特意製作了專門的「護髮枕頭」。

部落的長老還可享有戴一種頭巾式護髮帽子「薩拉」的特權，斐濟人視「薩拉」為部落權威的象徵。因此素來好客的斐濟男人，為維護其獨一無二的崇高地位，對來訪男賓約法「兩章」，其一就是不許在村落裡戴帽子；另一章是不許戴墨鏡，因為他們認為墨鏡有魔力。

斐濟人愛美，男人比女人更甚。這裡的男人喜歡在身上佩戴琳琅滿目的各種飾品，尤其是紅色的扶桑花。他們愛將這種火紅色花朵插在頭上，插左邊表示未婚，插兩邊則表示已婚。他們對扶桑花是如此喜愛，獻給客人的花環、點綴客廳的裝飾、甚至花布上的圖案都少不了它。

官方甚至專門設立了「紅花節」。每年八月節日來臨時，都要舉行盛大的慶典。

世界湧動裸露潮

　　現在，越來越多的現代人享受光著身子度假的樂趣，裸露已成為一種文化，而且享有一個頗浪漫的名字──天體文化。它強調身體解放，反對病態社會製造的病態生活方式。

　　一名法國天體主義者認為，天體是一種生活藝術，是一種生命哲學，天體主義基本理念是接受自己（包括自己身體的缺點）、尊重他人以及愛護大自然。

　　過去十多年中，美國天體娛樂協會的會會員數目增長75%，其他地方的裸體主義者陣營也不斷擴大。過去三、四年間，裸體主義者數目增加了將近一倍。

　　而大西洋彼岸的美國將擁有首個天體基督教教堂。它位於佛羅里達州，名為NATURA教堂，供自然主義者做天體彌撒用，裡面還有禮品店、遊戲室和咖啡座。

　　在全球範圍內，已冒起大批另類旅遊公司，專門安排天體之旅，讓參加者一絲不掛地漫步澳洲內陸，或者在奧地利來個全裸滑雪。

　　2003年初，17名自然主義者搭上世界第一列天體航班，從美國飛往墨西哥天體度假勝地坎昆，成為地球上首批享受赤裸飛行樂趣的人士。

　　坎昆的多拉多天體區近年訪客量也大幅上升。寬容的社會制度、更大程度的性別平等，以及消費者對大自然一沙一石愈益濃厚的珍視，是天體假期自20世紀初以來，一直發展壯大的主要原因。

　　裸體運動其實源於古希臘文明。當時人們認為人的胴體是大自然最美的事物，是人類用以表達自信、自豪的最佳載體，因此人們不單裸身在體育活動上，在節日慶典上也裸身，而且用各種藝術形式去表現裸體。

　　中世紀時，裸體活動被基督教會禁絕，到文藝復興時期，人們重新開始透過藝術形式歌頌人體美，直到19世紀，裸體運動再被禁欲主義壓抑，但始終存在於歐洲文化中。

　　20世紀初歐洲各國陸續進入工業化社會，部分人士舉行裸體活動，反擊工業社會對個性的壓抑。第一次世界大戰後，自然主義者對戰爭的野蠻和殘酷深惡痛絕之際，更大力歌頌生命的美好和自然。裸體活動得到更多人的支持。

　　在20世紀的30年代，裸體運動由歐洲傳入北美洲，60年代女權主義者也加入裸體運動陣營。到90年代，歐美各國政府對各種非色情裸體活動，都給予相當的寬容，尤其是北歐國家和德國北部。

　　歐洲裸露文化開始時還是比較保守的，男女分開活動，身上還可以穿泳衣、泳褲之類的東西。今天，這種天體文化已愈見徹底和普及，歐洲人開始在公園、陽臺等一切露天空間赤身享受陽光。

　　在到處片片青草地的歐洲大小城市、小溪畔、山谷中……凡是陽光照到的地方，歐洲人都可能馬上來個袒胸露體，零距離親近大自然。天體文化發展至今，大概可分為三派。

1、自然主義

　　自然主義的口號是「回歸自然」，崇尚自然健康。奉行者傾向與大自然直接接觸，相信心理與生理俱能在大自然中得到紓解，活躍於森林、天然湖畔等地方。自然主義相容裸體哲學，但裸體哲學不是自然主義的全部內涵，裸露只是其體會自然的方式之一。

　　自然主義者著重人類與自然的協調，認為在大自然中裸露，具有教育與調和作用。他們讓皮膚直接體

會清風、狂雨、白雪、陽光，透過天人合一式地回歸自然，建立自信和安全感。除了接近大自然外，自然主義奉行者著重飲食健康、定時運動，不少更是素食者，不菸不酒，有些甚至只穿環保素材的衣服。

2、裸體主義

裸體主義奉行者為了「表達裸體意識」而裸露，他們在家中也不穿衣服，經常參與裸體群聚（如天體營），認為集體裸露能紓緩來自社會過多的禁忌和挑釁，認為赤身裸體是人與人之間溝通的有效方式（沒有楚楚衣冠，就沒有隱藏，就不用防備），才能儘快實現人人平等。

3、身體解放文化

德文FreiKoerperKULtur，又稱FKK，指的是裸體主義者的群聚或族群。德國有不少FKK俱樂部、組織或社團，都是裸體主義者的大集合。

FKK運動在20世紀初開始蓬勃興盛，天體聯誼會等組織多如雨後春筍，在當局的寬鬆政策下，到處舉行天體文化探討會，街頭宣傳冊子、廣告常可見到。

其實歐洲人特別鍾情陽光下的裸露，與環境因素也有一定的關係。因為歐洲冬日天氣奇寒，北歐不少國

家太陽長年不露臉，加上歐洲人皮膚白，因此在「物以稀為貴」的情況下，黝黑的皮膚常被當成健康指標，男女老幼紛紛追求「黑色健康美」，不管你因憂鬱症還是皮膚病去看醫生，歐洲醫生總會叫你去曬太陽。

　　但是，習慣生活在陽光強烈的熱帶或亞熱帶的居民，對歐洲人這種嚮往陽光文化的意識，自然難以引起共鳴，一如西方人對亞洲美白熱潮另眼相看一樣。

希臘的「男人國」

　　希臘東北部有一座神祕的聖山半島，從地圖上看，它就形如手臂一樣，伸向碧波萬頃的愛琴海。這個半島的面積約364平方公里，山勢險峻的阿索斯山雄踞於半島的東南部，主峰海拔高達2033公尺。

　　俗話說「山不在高，有仙則靈」，阿索斯山的名氣可不在仙，而是由於山上居民中除少數隱士外，其餘是清一色的修道士。在山谷之間、懸崖之上，有幾十座大小不等、式樣各異的修道院，看起來錯落有致。此外，只能住幾個人的小修道院，和個人苦修的隱士小屋也是別具一格。

　　1927年，希臘憲法規定這裡為僧侶自治共和國。從此，數百年來這裡聚居了各地修道士。但是島上卻又一條規定，嚴禁女性甚至雌性動物上島，也因此該島也被希臘人稱為「男人國」。

　　上世紀的90年代之前，必須有政府推薦信的人，或是持有人品保證書的牧師、祭司等宗教人士方可上島。

　　聖山半島是希臘憲法承認的僧侶自治共和國，最高權力機構是神權委員會，由每個修道院選派的一名代表加上政府一位特派員，共21人組成。其中4位長老組成執行部門，一人為最高首腦，任期一年，屆滿再重新選舉。

　　按照修道院的規定，每天24小時中，祈禱、勞動和休息各占8個小時，很有規律。據嚮導說，因為修道士們一心只想「修道成仙」，所以這裡看不到坑蒙拐騙和勾心鬥角的事。

　　這裡稱得上是真正的世外桃源，這個地方禁止說笑打鬧，指指點點，修士們從不過問島外事，一個個沉默寡言，蓄髮，身披東正教大斗篷，他們一生主要就是在誦經祈禱中度過。

　　修士們過去為了生存，或自耕自種或以手工業為生。食物當然都是素食，但可以品嘗當地產的「聖山牌葡萄酒」，僅是品嘗而已，沒人會過量飲用。

　　每個修道院都有一個隱蔽的後門通往叢林或大海。大多數院中央都修有塔樓，用來監視四周活動，一旦外敵入侵便可及早報警。遠看山上的大修道院，猶如古時的城堡般巍峨壯觀。外形呈洋蔥形的俄國東正教修道院

有35個禮拜堂，牆上掛滿壁畫和聖像，莊嚴肅穆。在正樓與大禮拜堂之間有一個重達16噸的大鐘，據說能敲出32種聲音，但是過客是不能隨意敲鐘的。

旁邊的希臘修道院裡則保存著18世紀的壁畫，5000多冊古書，其中有400多本是極為珍貴的草稿及手抄本，充分顯示出希臘歷史的悠久，和藝術大師們的聰明才智。

「男人國」的歷史可追溯到1000多年前的拜占庭帝國，當時的帝國首府在君士坦丁堡，與聖山半島隔海相望。這個風景優雅的半島就成了修道士們的隱居中心，人數多時超過2萬人，修道院也星羅棋佈。除希臘人外，塞爾維亞人、保加利亞人和俄羅斯人也相繼在這裡建有修道院。

1060年，當時的君主頒佈法令，禁止任何女性上島，即使是雌性動物也不得在此生存。

1453年，君士坦丁堡失陷以後，大批藝術家為了避難紛紛逃到這裡尋找淨土，他們帶來了大批藝術珍品。後來由於戰亂和海盜侵擾，大多數修道院先後被毀，許多修道士慘遭殺害，藝術品被搶。

到1927年被封為希臘的自治共和國時，整個半島僅

存20座大的修道院，現在還有1300多名修道士。

　　900多年過去了，希臘人民早已過著現代化的生活，但是這條禁止任何女性和雌性動物上島的禁令在聖山半島一直不曾改變。越是不能看到的東西，人們越是會感到好奇，從古至今不知有多少女子想一睹奇景，幻想闖進聖山，但很少有成功的。因為在進入半島的路口和碼頭有那麼多員警，他們荷槍實彈，每天都如臨大敵般，嚴格盤查，防止女性混入島上。若是有女性女扮男裝者混入，一旦抓住便安排到供女人暫住的地方，等待遣返。而如果有雌性動物上島，結果不是被轟跑，就是被用其他方式「處理掉」。

　　當年的國王怎麼會頒佈這樣一條讓人費解的法令呢？島上那麼多的古書聖經，卻找不到不讓女人上島的依據，只有幾個傳說一代代流傳下來。

　　一種說法是修道士們剛上島時，與牧羊女之間發生了不該發生的感情事件；而另一種說法是聖母瑪利亞把聖山變成了祂的私人花園，怕別的女性效仿，就不准其他女性上島了。

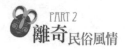
咬鼻求愛的特洛布裡安人

在太平洋中的特洛布裡安群島上,大約居住著23萬人左右。從古至今,在這座島上流傳著一種叫「咬鼻求愛」的奇特戀愛方式。

在特洛布裡安群島的大街上,常常可以見到某個漂亮的女孩,猛追著一位小夥子,等到追上後,那女孩趁著小夥子毫無防備之際,突然闖到他面前,張開嘴巴,狠狠在他鼻子上猛咬一口。頓時,那小夥子覺得疼痛不已,用手一摸,甚至還有血跡!

有人或許會問,為什麼是女孩去咬男性呢?因為這種可怕的行動,是特洛布裡安群島上的女孩求愛的惟一方式。在這裡,戀愛必須要女孩採取主動,小夥子只能被動地等待不知何時才會降臨的愛神。如果哪個小夥子按捺不住,主動向女孩表達傾慕之情的話,少女不但絲毫不為所動,還要鄙視這個不守規矩的人。這件事若被別人知道,一定會成為笑料傳開。

咬鼻求愛時,女孩咬得越狠表示愛得越深,希望與

小夥子相戀的心情也越迫切。被咬出血的小夥子即使對追求者毫無情意，也絕對不會動怒，他會面無表情，不作出反應。

　　如果接受了她的求愛，那麼小夥子會報以微笑，於是，兩人便可商定下次約會的時間、地點。到了那一天，他們就算正式戀愛了。男子鼻子上的傷痕，往往被鼻子的主人當做魅力的象徵而到處炫耀。

　　咬鼻求愛也不是隨便想怎麼咬都行的，女孩是要學習技巧的。當女孩子們一進入青春期，就必須向年長的女人學習咬鼻的技巧。這種技巧內容包括，如何追趕男子而不被這個男子發覺，如何接近自己愛上的男子，如何突然立在男子面前而使他不驚不慌，如何又準又快地「咬鼻」等等。

　　有些心細的女孩還會慎重地演習幾遍。只有學會並熟練掌握這一套咬鼻的複雜技巧，女孩們才敢去向意中人求情。否則，假如因為技巧不高明，咬鼻失誤的話，她不但可能失去意中人的青睞，還會被人笑話。

馬雅人的血腥人祭

美洲大陸的馬雅人和整個新大陸印第安人都曾進行過一種可怕的活動，那就是活人獻祭儀式。人類學家研究證明，這一風俗的歷史相當古遠，也相當普遍，許多民族都曾流行這種做法。

馬雅人的人祭儀式方式多種多樣，最常見的是剖胸挖心。作為犧牲的人，先是被塗成藍色，頭上戴尖頂的頭飾，然後在廟宇前的廣場或金字塔之巔受死。他被仰面放倒在地，身子下面壓著凸起的祭壇祭案，這樣使得他胸腹隆起而頭和四肢下垂，以便於開膛剖胸的「手術」。四個祭司分別抓住他的四肢，儘量把他拉直。

「劊子手」是祭儀主角，他準確地在犧牲者的左胸肋骨處下刀，從傷口伸進手去，抓出跳動的心臟並放在盤子裡，交給主持儀式的大祭司。大司儀則以熟練的手法，把心臟上的鮮血塗在神靈偶像上。如果是在金字塔頂進行祭儀，那麼祭祀的屍體就會被踢下，沿著臺階滾落到金字塔腳下。職位較低的祭司就把屍體的皮膚剝

下，除了手腳以外。而主持祭祀的大祭司則鄭重其事地脫下自己的長袍，鑽到血淋淋的人皮中，與旁觀者們一起舞蹈。

　　如果這位被殺的祭祀者生前恰好是位勇猛的武士，那麼，他的屍體會被切開來分給貴族和群眾吃，手腳歸祭司享用。假如獻祭犧牲者是個俘虜，那麼他的幾根殘骨會被抓獲他的人留下，以紀念戰功。婦女和兒童也經常被作為犧牲而獻祭的對象。

　　然而剖胸挖心這種致命的方式並不是最常做的，常見的做法是把血液奉獻出來，他們用石刀或動物骨頭、貝殼、荊棘等鋒利尖銳的東西，為自己放血。割破的部位遍及全身，因人而異，有時是額頭、鼻子、嘴唇、耳朵，有時又是脖子、胸口、手臂、大腿、小腿，直到腳背，甚至還割破陰部取血。

　　在亞克齊蘭遺址極其精緻的雕刻橫楣上，刻劃出一名女子正在拉動一根穿透她舌頭的帶刺繩索，血液滴在她身旁盤子裡的樹皮紙上，這張血跡斑斑的樹皮紙將要獻給神靈；現保存在賓西法尼亞大學博物館的一只陶瓶上畫著一排蹲著的男子，每人手持一件精銳的銳器，正在刺穿自己的陰莖。

　　不可否認，這種用活人祭祀的儀式，無疑是人類歷史上最血腥，最不可思議的事。但是這種祭祀活動對於古代馬雅人來說，有著遠比呼吸空氣還重要的意義。其中繁瑣的禮儀、龐雜的祭品、浩大的場面與他們貧乏的物質形成了不可思議的對照。他們認為太陽將走向毀滅，必須透過做一些自我犧牲來保留太陽的光芒四射，阻止它滅亡。他們這種認識，導致了以人心和血來餵養太陽儀式。

　　馬雅人以被用做祭祀為榮，奴隸主、奴隸的心挖出獻給太陽，於是為此死亡的人越來越多。據説，16世紀西班牙人在祭祀頭顱架上發現了13600具頭骨！這也就意味著當時為了慶祝特諾提蘭大金字塔落成，在四天的祭祀中，奴隸主竟殺了360000人！

　　這是馬雅人進行人祭的真實原因嗎？如此血腥的活人祭祀真的只是為了保留太陽的光芒嗎？有學者認為，這或許跟現代人從暴力影片中獲取感官刺激本質相同。

　　就像現代人會模仿暴力片中的行為，進而導致刑事案件增多那樣，馬雅人從定期舉行的人祭活動場景中也會學到不少對他們有用的東西。今天令人擔憂的影視兇殺鏡頭，或許正是古馬雅人希望看到的，或許馬雅人只

是為了宣洩社會內部緊張的壓力。說到社會內部緊張壓力的宣洩，參與兇殺是一種辦法。

　　中國西南佤族就有讓全體男子放縱殺一條活牛的儀式，大家一哄而上，在幾分鐘內把條活牛生吞活剝吃個乾淨；西方人熟知的「酒神節」原型也是瘋狂的撕碎活牛，不過參與者則是平日裡受壓抑的婦女。

初次見面風俗獨特的民族

　　一般來說，初次見面的兩個人都會用很禮貌的方式或者用很莊重的意識，來讓對方留下好印象。可是在這個世界上，就是有一些地方擁有著不同於其他國家的奇特的初次見面禮，來迎接著客人。

　　在突尼斯，當詩斐米德人逢遇客人來訪時，主人定會獻出兩條蛇裝在客人的口袋裡，以表示對客人的盛情歡迎之意。這兩條蛇一黑一紅，黑蛇是友好的象徵，紅蛇為歡樂的象徵。

　　雖說這種迎賓方式使大多數客人感到恐懼，但是客人還必須「入鄉隨俗」，向主人表示謝意和高興。否則主人會認為你不實誠，甚至還會對你產生反感。

　　同樣用蛇迎客的還有喀麥隆西部撒可尼拉族人。與詩斐米德人相比，撒可尼拉族人的迎賓禮節更為奇特。當貴賓臨門時，主人就會畢恭畢敬地獻上一條活蛇繞在客人的脖子上，以示對客人的熱情歡迎和衷心祝願。

　　也許用蛇迎賓是比較讓人害怕的，那麼還有一個國

家有個很有趣的迎賓方式。因為安哥拉基母崩杜人的迎賓方式絕對讓你意想不到。

當貴賓來臨之時，他們的迎賓人員，總要不斷地向客人眨左眼，以本民族最誠摯的禮節歡迎貴賓的到來。這時，客人則應眨右眼，以表達對主人的謝意。原來在人們看來很平常的一個眨眼動作，到了安哥拉反而成了最正式的一種社交禮儀，不得不說這是個生活裡充滿風趣的國家！

裸體的雅馬拉比底人

　　巴西印第安地區有個奇異的部落——達都瓦拉村。這裡的人被稱為雅馬拉比底人，約兩百多人。村裡有一條小河——辛古河，這裡的印第安人視其為神河。來到這裡的人可能會遇上一些「尷尬」的事情：

　　當遊客在河裡游泳時候，不涼不熱的水讓人覺得非常舒服。然而這時候，通往村子方向的小路上飄飄然走來幾個身材勻稱，一絲不掛的姑娘，她們頭上頂著水桶，說說笑笑，而且見人並不躲避。然後，她們把水桶放在岸上，開始嬉水、游泳和打鬧。

　　她們旁若無人地上岸往身上抹肥皂，然後再跳下水去沖洗。等姑娘們鬧夠了，便每人打滿一桶水走了。

　　在其他地方，這樣的場景會或許令人很難以置信，但是在達都瓦拉村，這是一種正常現象。因為，在這裡流傳著一個「奇特」的習俗，村裡的印第安人無論男女老幼全是裸體。

　　他們會往自己身上塗著自製的顏料，畫著各種圖

案。這些圖案和中國西安半坡遺址出土的陶器上的圖案相似，令人彷彿覺得自己回到了原始社會。

若是你到達都瓦拉村遊玩，你一定會有賓至如歸的感覺！因為這裡就像回到自己家一樣，遊客來到這裡後即會被當地的酋長視為尊貴的客人。

酋長和其他印第安人都很熱情，更重要的是，他們面對外人時都很「坦然」。這通常使得遊客感到很不好意思——好像他們穿著衣服，而自己是赤裸裸的。

雅馬拉比底人分別居住在六個大茅草屋裡，這些茅草屋環繞著一個足球場大小的操場分佈。操場中央有兩個小茅草棚，這是村裡舉行集體活動的場所。村民的家是一個草棚，大概像一個排球場那麼大，五、六根柱子上拴著七、八個吊床。

據說，這兩根柱子是專門用來招待親戚和朋友的。當然，來人須自帶吊床。

草棚的一角還有一個用白布遮擋的地方，那是一間密室，每個家庭都有，主要是給婦女分娩和九歲以上的女孩關禁閉用的，任何人不許入內。

孕婦生第一胎時，產後要在裡面待六個月；生第二胎時，待三個月；第三胎以上，只待兩個月。

村子裡凡是九歲以上的女孩都要在密室裡關上六年，不得外出，直到十五歲才能自由活動。

村民們禁止近親結婚，因此村裡很少會出現弱智兒或癡呆兒。

印度洋中的「黑色土著」

在浩瀚的印度洋中，漂浮著一個叫安達曼群島的島嶼。在這個島上的熱帶森林裡，至今還生存著仍然過著原始生活的民族──雅拉瓦族。

由於他們的膚色為黑色，所以人們稱他們是「黑色土著」。這些雅拉瓦人正常體溫在38℃左右，這在世界上是極其特殊的。

雅拉瓦人沒有數的概念，不懂得耕作，也不會飼養，甚至不會用火，但他們個個都是優秀的射手，其技術不亞於奧運會的冠軍。

但是，人類學家艾爾弗雷德說，迄今為止，人們對雅拉瓦人的語言、文化、傳統和來源都知之甚少。最近的研究顯示，就膚色和體形來看，雅拉瓦人與非洲中部正在消亡的一個民族俾格米人（人稱「矮人」）很相像，由此可以推斷他們的祖先可能在非洲。

然而，乘坐獨木舟是絕對來不了這個地方的。那麼，他們是如何漂洋過海到亞洲來的呢？

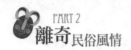

　　一些人種學專家認為，可能在很久很久以前，由於地球兩極的冰凍現象，這裡的海平面很低，非洲大陸和亞洲幾乎是連在一起的，雅拉瓦人很可能是那個時候來的。後來海平面逐漸上升，印度洋上的群島與非洲大陸分離，安達曼島也成了與世隔絕的地方。

　　據史料記載，在大約7世紀時，有中國和阿拉伯的探險者在這裡上岸，在此之前還從來沒有外人來到過這個島嶼。

　　一個專門拯救原始部落的民間組織，為了不使這些稀有民族在地球上絕跡，已呼籲國際輿論關注他們的命運。印度警方已派員警去看守他們居住的地區，這既是為了保護這個瀕臨滅亡的民族，也是為了防止附近的農民與他們發生衝突。

　　由於安達曼群島有充足的陽光和沙灘，印度政府正在那裡規劃旅遊區，還擴展了布萊爾港機場的跑道，以便使滿載泰國和日本遊客的大型飛機能在那裡起降。

　　大批國外遊客的到來，對「黑色土著」是禍還是福，人們尚不得而知。

奇特的食人魚祭禮

　　南美洲的印第安人有一種奇特的風俗習慣，即是食人魚(彼拉魚)祭禮。這或許是世界上獨一無二的祭禮儀式。

　　在那裡，當他們的長輩去世後，既不埋葬也不火化，而是將屍體用絲綢帶纏好，並在身體的兩側放滿鮮花，然後高奏哀樂，在樂曲聲中將屍體投入河中。霎時間，只見一群小小食人魚「聞訊」而來，牠們會把死者的身體吃個精光，最後只剩下一副骨架。

　　據說，古代的大暴君、大奴隸主也常常把觸犯他們禮法的人推入有食人魚群聚的河裡，作為一種酷刑。但至於這種習俗的起源，就沒人能夠說清楚了。

　　這個儀式中的食人魚，是生長在南美洲亞馬遜河裡的一種淡水魚，牠們通常以小魚為食。雖然身體只有30公分長，可是千萬別小看牠，牠可是兇猛異常的水中魚類，牠甚至可以襲擊像牛一樣大的哺乳動物。過河的牛一旦遇到魚，常常不等到達對岸，就會因流血過多

而沉入水中死亡。

　　曾有記載：有一個人騎馬過河，不幸遇到一群食人魚，人和馬都沉入了水中。後來，這個人的衣服以及人和馬的骨頭被人在河邊發現。

　　食人魚猶如一群餓狼，在牠們周圍，任何動物都很難生存下來。任何動物（包括人），如果不幸闖入牠們居住的範圍，都會立刻受到襲擊，並在很短的時間裡被撕成碎塊。如果牠們遇到大的動物，一時無法吃下，就撕咬的亂七八糟，留下的部分任其飄流或下沉，因此食人魚所經之處，水面上往往會有動物的殘體和血，狼藉不堪。

偽裝成樹的人

　　米凱亞人是馬達加斯加原始居民的後裔，他們居住在這個島嶼的西南部，大約有100人。

　　他們是遊牧部落，與中國的蒙古族、藏族等豪爽好客的遊牧民族不一樣，他們不與其他部落的人接觸，遇到其他人他們就會躲起來。因此，當地人稱他們為「偽裝成樹的人」。

　　米凱亞人不論男女老少，每隔兩、三天就要換一個地方。他們居住的地方氣溫高達50℃，但由於生活的地域乾旱缺水，他們每天只能喝一杯水。

　　他們捕獵刺蝟，但主要食品是一種叫巴包的植物塊根。尋找巴包的方法是米凱亞人一個不外傳的祕密，他們害怕其他部落的人會找到巴包。

臀越肥越美的布須曼人

布須曼人是非洲南部大沙漠中最古老的居民，多少世紀以來他們始終過著遊牧生活。

從外形上來說，布須曼人與其他非洲人有明顯的區別，身材矮小，但比俾格米人略高一些，成年人身高1.5公尺左右，皮膚呈黃色或黃褐色。

可是他們卻有一個與眾不同的體質特徵，就是脊椎骨的下部通常向前形成彎曲形向外突出，因而顯得臀部特別大，尤其是布須曼婦女，臀部和大腿特別粗，形成一種特殊的肥臀。

布須曼人以臀肥為美，所以青年男子在擇偶時一個很重要的條件，就是會看姑娘臀部到底有多大。

生活在沙漠地帶的布須曼人，對少年男女的成年儀式很重視。男孩子稍大一點，就隨著大人們開始狩獵了，但仍是孩子。只有為他舉行過成人禮之後，他才算一個真正的男子漢。

男孩子成人儀式需要一個月左右的時間，巫師會在

他們的額頭上刺上代表自己部落的特殊標記，但不實行
割禮。隨後，他們便離開自己的親人到灌木叢中，去過
一種隔絕式的獨立生活，進行為期一個月的艱苦鍛鍊以
培養勇氣。一個月以後，少年就成了成年男子，開始成
年人的新生活。

　　而少女的成年儀式則在初潮後舉行，大約也需要一
個多月的時間，同時要禁食一些食物。在此期間，有一
個婦女專門負責她每天的生活。

　　這一個月的時間，就是少女向成年過渡的橋樑，她
要學習有關成年婦女應懂得和掌握的知識，特別是婦女
生理方面的知識。當「禁閉」結束後，她就開始了成年
婦女的生活，也可以考慮結婚問題了。

　　布須曼人能歌善舞，狩獵之前，豐收之後以及各種
儀式、慶典都有歌舞助興。

　　「愛情之舞」是少女成年儀式中不可缺少的一個節
目，全部由女人參加表演，她們邊唱邊跳來到第一次來
潮的少女家外，用這種方式向她表示祝賀，祝願她們健
康成長。其中的「羚羊之舞」具有雙重含意，在狩獵前
跳該舞，是為了祝願狩獵成功；而當她們當中有人生病
特別是婦女生病時，男人們就圍著坐在火旁的婦女跳這

種「羚羊之舞」。布須曼人認為，用男人的陽剛之軀去驅趕病魔是最好的醫療方法。

布須曼人也是有組織紀律性的，每一個部落都有一個臨時的首領，他的權力僅限於對飲食來源、水、火等一系列日常生活的管理，以及對選擇居住地與遷徙以及內部糾紛的調解與仲裁。

生活在沙漠中的布須曼人是堅強、智慧的，他們可以幾十天，甚至幾個月不喝水。不瞭解布須曼人實際生活的人，都不知道他們是怎樣以物代水的。其實，這要求布須曼人要對植物含水量大小具有很強的識別能力，哪種植物的根部含水量大，而哪種植物的莖可以吸出水來，他們都一目了然。

在荒漠之中，有一種藤蔓植物，有一個很大的與這小植物不相稱的塊根，這些塊根有的像大蘿蔔，大的則有南瓜那樣大。但想得到它們並不太容易，不僅要仔細尋找，而且還要挖地三尺。布須曼人得到此「寶貝」後，就用刀將根塊削成碎塊、擠出汁液飲用。

這種塊根的含水量十分可觀，大一點的塊根，完全可以保證一個人一天的飲水量。

往嘴裡放盤子的莫爾西女人

在埃塞俄比亞南部的奧莫山谷，居住著世界上最引人注目的一個原始部落──莫爾西人。他們之所以引人注目的原因之一是因為莫爾西婦女喜歡用土盤子來妝飾自己，她們會把一個烤乾的士盤子（或者是木盤子）掛在嘴唇上。

莫爾西女人的嘴裡能放下直徑十幾公分大的盤子，把嘴撐得大大的。放盤子要從小開始。開始往嘴裡放盤子前要動一個小手術，用小刀將下嘴唇和牙齦之間切開一個口子，使下嘴唇與齒根分離。

大約10歲左右，莫爾西女人就開始練習往嘴裡放盤子，盤子型號不同，都是泥土燒製或用木塊做的。先放一個小盤子把口子撐開，使其不再長回去。平時盤子放在嘴裡，吃喝時才摘下來。日後逐漸將小盤子換成大盤子，嘴唇自然越撐越大。長大以後，她們會換上更大的盤子。

嘴唇戴盤子不僅是為了美麗，而且是財富的象徵，

誰的盤子越大，她的嫁妝也就越多。嘴裡的盤子越大，女子的身價也越高。莫爾西女子最大的嘴唇，能翻到頭上把臉包住。

莫爾西人不怎麼吃牛肉，因為牛是鎮家之寶，餓得要死時才用牠換糧食，或者孩子嫁娶時用牛當彩禮。如果女子的盤子屬於最大的那一種，那麼她父母可以收到50頭牛的彩禮，一下就成了富翁。

所以說，女兒嘴大也是致富的手段。然而心理學家對這種行為卻解釋為人類的一種自殘的本能，越原始的民族表現得越明顯。自殘的潛意識是要顯示自己的存在和與眾不同，保護自己不被歷史淹沒。

嘴唇穿木棍的佐埃人

　　在巴西北部的亞馬遜河流域和蘇里南之間的200萬公頃土地上，生活著一個少數民族——佐埃人。在那裡居住的134個佐埃人，分佈在4個村莊裡。

　　佐埃人有一個奇異的習俗，這個習俗在世界上應該也是唯一的。他們總是赤身裸體，在自己的下嘴唇上插一根小棍子。這根棍子穿透下嘴唇，而且隨著年齡的增大而更換，越換越大，最大的長16公分。

　　佐埃人居住的地域遼闊，大多過著自給自足的生活。捕捉猴子，採摘水果，種植木薯和甘薯。佐埃人在生活中遵守他們自己制訂的規約，他們崇拜月亮，在有月光的夜晚，他們載歌載舞以示崇拜，因為他們認為自己的祖先住在月亮上。

兩隻腳趾的「龍蝦民族」

在非洲的辛巴威以及博茨瓦納境內稠密的灌木叢林地區，生活著一個奇異民族。在那裡，遍地蓋著非常原始的一種小泥屋，這個民族的人過著一種完全與世隔絕的簡單遊牧生活。

他們與其他民族最大的區別在於，他們的腳不是五個趾頭，而只有兩個腳趾，並且整個腳看上去像鴕鳥的腳爪一樣。

儘管或許外人覺得這樣的腳趾很怪異，但是兩腳趾人對自己怪異的肢體抱著一種平常心態，那裡的人認為是神靈決定讓部落裡的嬰兒一開始就長成這個樣子。

在一次去辛巴威西南部郊遊時，辛巴威哈拉雷國家檔案館前編年史編撰者道爾森偶然發現了兩腳趾人，而這一個發現引起了醫學界的高度重視。

經過長期的觀察和臨床研究，南非約翰尼斯堡的醫科大學解剖系主任菲利浦教授，終於從病理學方面向人們揭開了兩腳趾人的謎底。

　　原來，這種變化既不是神靈的懲罰，也不是自然的選擇，而是一種變異性疾病，是一種簡單的顯性基因造成的遺傳變異，在醫學上稱為「龍蝦腳爪綜合症」。這種病的個別案例在世界各地都有記錄，但是唯獨在非洲的這個部分，這種病變成了一種普遍的現象。

　　對於尚比西河谷的大量兩腳趾人的存在，菲利浦教授解釋說，那是在部落內部選擇結婚對象的直接結果。因為這種顯性基因如果只發生在一對或幾對夫婦中，很可能由於下幾代的再次選擇而消亡。而像尚比西河谷這麼大的基因變異群體，除了部落內部通婚的範圍之大，別無其他原因。

　　那麼，是誰將這種基因帶到這裡來的呢？也就是說，兩腳趾人的祖先到底從哪裡來的呢？

　　發現兩腳趾人的道爾森一直對他們有著濃厚的興趣，他有計劃地訪問了16個兩腳趾人，並把他們前七代的歷史都搜集整理起來。

　　他認為若干年前，一位有兩腳趾血統的年輕婦女從其他地方來到了西南辛巴威，當她與當地的土著結婚之後，她的兩腳趾基因就開始起作用，讓她的一部分後代成為兩腳趾人。

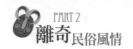

　　這時如果在正常的風俗支配下，辛巴威土著會只和其他部落和地方的人通婚，這樣就會使生成兩腳趾人的機率減少。

　　可是該地區稀疏的人口使這種風俗得不到延續，兩腳趾人不得不和同部落的人結合，使得這種兩腳趾基因繼續繁衍下去。於是，第二代、第三代，就這樣兩腳趾人越來越多。

　　可是道爾森假定的這第一位婦女是從何而來的呢？儘管無法證實，他卻充分地假設了這位婦女來自莫三比克的尚比西河谷。他認為這是因為目前對兩腳趾人的真實報導非常少，而在莫三比克，大量詳實的資料證明了兩腳趾人的存在。

　　尚比西河谷從前是馬克西特政府與解放政府右翼反叛者之間進行激烈遊擊戰爭的一個戰場，那裡偏遠荒涼，被密佈的灌木叢林與外界隔離起來，簡直無路可循。

　　在辛巴威和博茨瓦納現在生活著大約100個兩腳趾人，他們的內部通婚制度看似會永遠保持下去，而且他們似乎並不想恢復所謂的「正常」。

　　兩腳趾人都是黑皮膚，而且身體都十分健壯。他

們的腳雖然從蹠骨的部分就分成兩部分，每一部分長成一個巨大的腳趾，然而它的堅強有力卻絲毫不遜於正常人的腳。

　　因為造成這種情況的是「龍蝦腳爪綜合症」，就是說他們的腳和龍蝦的腳爪形象十分類似，所以他們有時也被稱為「龍蝦民族」。可是不管怎樣，目前無論是稱呼還是腳趾，都沒有對他們的生存造成障礙。

印度「兄妹節」親情一線牽

　　「兄妹節」是印度全國的四大節日之一。每年8月9日這一天，印度男女都會用隆重的慶祝方式表達相互間的濃厚親情。

　　關於「兄妹節」有一個神話最為普遍。傳說眾神之王因陀羅和惡魔進行了12年苦戰，仍未獲勝，這時其妻站出來，在丈夫手腕上繫一條彩線當作護身符，這條彩線後來被稱為「拉凱」。

　　因陀羅再上戰場，一舉擊潰了惡魔。後來人們就把這勝利的一天叫做「拉克沙‧班丹」，以紀念這條線繩所顯示出的神威。

　　「拉凱」在歷史上也書寫了很多感人的傳奇。印度古代一個小國梅瓦爾被重兵壓境，危在旦夕，該國王妃遂將一條「拉凱」，送往當時統治印度大陸的莫臥兒帝國元首胡瑪雍。

　　一般情況下，這位元首不會出手援助一個小國，但他為了履行義兄保護義妹的神聖職責，寧可向同盟的古

吉拉突邦蘇丹倒戈相向，幫助小國脫離危險。可見在古代印度，一條細小輕薄的絲線就已經擁有非同一般的意義。在人類感情日益商業化的今天，「兄妹節」更為印度社會增添了一股溫馨暖意。

在「兄妹節」儀式之前，還有一些準備工作。除了「淨屋」、「淨身」外，還要淨口，即不吃不喝，等待儀式開始。

按照風俗，參加儀式的女子要打扮得很漂亮，身著鮮豔紗麗，眉心點一粒朱砂，手掌和手臂上還繪有複雜的吉祥圖案。

儀式正式開始，首先是「搖燈禮」。女子在準備好的青銅盤子上，用火柴引燃幾塊叫做「卡普爾」的燃料。之後，她神情專注地端起盤子，在男子面前逆時針轉上3圈，這表示神的祝福會像火光一樣灑落在兄弟身上。接著，女子再用右手無名指沾一滴朱砂，點在兄弟額頭上，據說這種「吉祥痣」會給人帶來健康和好運。

「繫手繩」是儀式中最重要的環節。這條手繩象徵著力量和關愛，還可以讓兄弟免除罪孽及疾病的纏繞。簡單的「拉凱」是一條紅線，講究一些的人家會在上面搭配各種花樣。女子從盤中拿起一條紅色絲線，鄭重地

繫在男子右手腕上，對方則在心中默念，「為了保護姐妹的榮譽，即使赴湯蹈火也在所不惜」。儀式至此告一段落。

據說，最初在印度只是一家人中有血緣關係的兄妹慶祝這一節日，但隨著時代的發展，「兄妹節」走出家庭，被更廣泛的人群所喜愛。

現在，幾乎所有異性都可以用繫「拉凱」的形式表達友愛和關懷。女兒可以給父親繫「拉凱」，男女、同學、朋友之間更是以此傳遞友誼，陌生婦女為戰士或者囚犯繫「拉凱」。

尼赫魯大學一位教授曾說，這個節日之所以受到越來越多人的歡迎，是因為它證明男女之間並非只有愛情，還有一種神聖的兄妹之情。每年有很多學生會為慶祝「兄妹節」蹺課回家，但老師並不會生氣，反而會感到一種欣慰。

因為在他們看來，人類增進感情之舉比一、兩節課重要得多。

印度的婚姻市集

　　世界各地有各式各樣的市集，進行著品類繁多的貿易。

　　但是在印度恆河流域比哈爾邦邦有一種奇特的市集——交易的是青年男女的婚事。這個市集，一年一次，一次7天，在蘇拉特村舉行。

　　到蘇拉特婚姻市集上來的，多是這一帶婆羅門種姓的人。這市集有個專門的名稱，叫做「沙巴」。到市集來的男方和女方的父親或監護人和親戚一起各搭帳篷。

　　未來的新郎可以隨父親一起前來，但姑娘是不會被帶來的，所以在婚姻市集上，幾乎看不到一個婦女。

　　最忙碌的要算介紹人了，女方的父親先找到一個介紹人，同他私下交談，告訴他要為女兒找什麼樣的女婿。

　　介紹人擁有許多男方的資料，熟悉他們的家庭背景、教育程度、人品德行。他衡量一番，然後就把「顧客」帶到男方的帳篷。

　　這裡可以「相親」，看看未來女婿的品貌，費時間的是協商嫁妝的多少。當然在這件有點「討價還價」意味的事情上，男方的父親要求要高一點，女方的父親則希望能夠少付一點。

　　在男方的「帳篷」裡，如果協商好了，婚約就算初步成立，介紹人可以從男女雙方得到一份「謝金」。此後，雙方父親和介紹人還要結伴到「潘吉卡爾」那裡去最後定奪。

　　「潘吉卡爾」是熟悉和保有雙方族譜的人，他的責任是查驗血統關係，如果他認為血緣在六代之內就不允許締姻，他的裁定具有最後的無法改變的性質。

　　如果「潘吉卡爾」認為血緣關係方面沒有問題，就會把批准寫在一張棕櫚樹葉上，交給女方的父親，並得到一定數額的報酬。

　　有了這張由「潘吉卡爾」簽名的棕櫚樹葉，婚姻就算最後締結了。

　　蘇拉特村的婚姻市集為什麼能夠長期存在呢？理由也很簡單，因為印度的青年男女雖說在法律上享有婚姻自由，但事實上在廣大的農村地區，由父母包辦的婚姻居多。

　　父母，特別是女方的父母，為兒女的親事費盡心機，女方的父親還得付出一筆可觀的嫁妝費。沒有嫁妝的姑娘在男方的家庭中，會受到歧視和虐待，有時甚至會造成死亡悲劇。

　　嫁妝制度是印度社會的一大陋習，法令禁止，輿論譴責，但卻廢除不了。

　　在貧寒和姑娘多的家庭，嫁妝成了家長的一大負擔，為了少付一點，比哈爾邦甚至發生過搶青年男子來強迫成婚的事件。

　　為了找女婿到處奔走，為少付嫁妝而反覆磋商，費時費力，倒不如集中在一段時間、一個地方進行較為節省一些。這樣，婚姻市集也就產生了。

　　這其中介紹人為了多賺點錢，免不了會做些欺騙和瞞哄的勾當，要高價和受點賄賂也是難免的。由他們牽線，由父母包辦的婚姻能給年輕男女帶來多少幸福就可想而知了。

　　一些美麗、聰慧的姑娘，因為父親不願多付嫁妝而隨意嫁給一個醜陋的男子。相反的，家庭富裕、又願多付嫁妝的人，選擇女婿的機會當然就相對的多。

　　因此，在這一帶有不少人對這種婚姻市集非常反感，

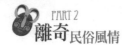
越來越多的受過教育的年輕人不願到婚姻市集上去。以往，這一帶有三個婚姻市集，現在只剩下蘇拉特村一個了。過去到這個市集去的人數超過10萬，如今去的人在逐年減少。婦女們還曾在市集上舉行過示威，要求廢除嫁妝制度。

柬埔寨少女婚前學抽菸

柬埔寨人口共約一千多萬，以高棉族為主。該國男女成熟較早，而且流行早婚，否則會為世俗所輕視，而傳統婚俗對女子的約束也甚為嚴格。

農村的女子一般在十五、六歲，男子則在二十左右就要結婚。俗話說，男大當婚，女大當嫁。婚姻是人生大事，自古以來，各國各民族都有一些傳統的婚俗。在柬埔寨，其婚俗也十分獨特──當今許多國家都有反吸菸的行動，但柬埔寨的少女們卻必須學會抽菸。

按照傳統，當女子長到六、七歲時，父母就為她們準備好了菸斗，開始教她們抽菸。但是，為什麼要這樣做呢？

原來，父母們認為，抽菸可以使孩子懂得人們日常生產、生活中苦辣酸甜的滋味，尤其是能讓人提神，在茫茫的森林中走路，不管多遠都不會迷路。到十五、六歲時，少女如果不會抽菸，就會被認為不漂亮，甚至是傷風敗俗。因此，無論感覺多麼難受，姑娘們也要橫下

心，努力學會抽菸。

少女婚前學抽菸是柬埔寨人的傳統婚俗。除此之外，柬埔寨還有一些重要的婚俗。

在柬埔寨，女孩子到了結婚年齡，父母就要把她關在房間裡，請僧侶來誦經祝福，到了規定日期才能出門，這期間被稱為「蔽日期」，吃飯、睡覺、洗澡都只能在自己的房間裡，不能見任何男子，即使是父親和親兄弟也不能例外。

蔽日期的長短按照家庭的貧富程度而有所不同，可以是3個月、6個月或者一年。蔽日期結束前父母不會允許女兒找對象結婚，而女兒也不能吃魚和肉，否則就會遭遇不幸。

柬埔寨人對婚姻的看法和做法都是比較傳統的，作主的通常是男女雙方的父母。到了結婚年齡，男青年的父母會設法瞭解自己看中的姑娘的生辰八字，並且要請人計算雙方生辰八字是否相宜，合適才會托媒人向女方家求婚。

而此時，女方的家長也會積極地調查男家的情況，經過仔細權衡和認真考慮後才有可能把親事答應下來。女方同意後，男方要根據家庭經濟情況，由男方親族的

婦女列隊前往女家給女方送聘禮。

聘禮按規模的大小分為小禮、中禮、大禮,有衣服、金銀首飾、蔬菜、水果、雞、鴨、魚、肉、酒等。聘禮一旦被女家接受,就等於是訂婚了。由於受傳統的約束,男女雙方在訂婚後,還常有互不認識的情況。

與中國傳統婚禮一樣,柬埔寨人的婚禮也很有講究。舉行婚禮前,男女青年還要在雙方父母和兩個證婚人陪伴下,向登記處官員宣佈結為夫婦,領取結婚證書。在柬埔寨,通常情況下,婚禮的全部儀式都會在女方家中舉行,這也是柬埔寨婚俗中的一個與眾不同的地方。就是婚禮要一連舉行 3 天。

第一天叫「入棚日」。上午,男方的長輩要到女方家中搭建新郎棚、迎賓棚和炊事棚。稍後男方家請來樂隊演奏「送郎曲」,新郎在其父母的陪同下,帶著席子、被褥和其他結婚用品,來到女方家中,住進新郎棚。

第二天是「正日」,也是婚禮最重要的一天。清晨,男女雙方的親朋好友會歡聚一堂。首先,新娘的父母把長輩們請到堂屋裡舉行「祭祖儀式」。下午4點舉行「理髮儀式」。理髮儀式結束後,要請四、五位僧侶為

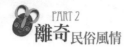
新郎新娘舉行約半小時的「誦御禍經儀式」。接著，舉行結婚喜宴。午夜12點，舉行「拴線儀式」，新郎新娘雙手合十，雙方父母和長輩把兩、三根絲線纏繞在新郎新娘的手腕上，表示把兩顆純真的心和兩個家族緊緊地聯結在一起。

第三天為「拜堂日」，是婚禮的最後一天。清晨時分，新郎會被「良辰吉日老人」請到擺好祭品的拜堂處，新娘藏在帷幕後面。這時，樂隊開始演奏「拜堂曲」。歌手唱起古老歌曲，唱畢，新娘在伴娘的陪同下，由幕後走出，與新郎並肩而坐，一起叩拜。

拜堂儀式後，歌手唱起「收席歌」，唱畢，歌手把鋪在地上的席子捲起來，走來走去，高聲叫賣，新郎新娘用一點錢把席子「買下」，抬進洞房，眾賓客則陸續退出，婚禮結束。

法國人的婚禮

　　各國各民族都有一些傳統的婚俗，法國也不例外，也有一些較為奇特的習俗。

　　在中國的傳統婚禮過程中，男方一般要給聘金。但是與中國恰恰相反，法國人的婚禮最突出的不同在於，沒有人談聘金，倒是新娘要準備充足的嫁妝。

　　一般法國女孩子，從青少年開始，就會為了自己將來婚姻購買床單、碗盤、毛巾等家庭日用品，而且，婚宴的費用一般也必須由女方承擔。因此，法國有「嫁妝吞噬者」的説法，用於形容少數男性在選擇結婚對象時，專門挑選富貴家庭的女兒，作為致富的途徑。

　　被邀請的人所送的禮，是與中國婚俗的另一個比較突出的差別。在中國，誰被邀請參加婚禮，就應該送份紅包，且紅包是有「行情」的。而法國的習俗是，新娘新郎在結婚前想清楚，他們婚後家裡需要什麼東西，再到當地的較有規模的商場建立一個「結婚明細表」，列出他們所需要的東西。此後，在所寄的請帖會附上説

明：「我們的結婚明細表在某某商場」。客人就必須前往該商場看明細表裡，有什麼東西還沒被別的客人買，再按照自己的經濟能力替新人買一套床單或一組水晶杯等等。這種做法的好處是，小倆口不必為日後買家庭用品而煩惱。

　　法國人結婚，方法是拍賣新娘的襪帶（其實，現在法國女性很少穿傳統必須綁襪帶的絲襪，而穿褲襪）。拍賣的過程也非常有趣：每次有人出錢，就會把新娘的裙子撩得高一點，直到襪帶出現為止！

　　除此之外，請客、喝酒、跳舞，在法國熱鬧程度絕對不亞於在中國。稍有不同的是，婚宴快要結束時，新人會偷偷地溜走，到「祕密」的地方過新婚之夜。當然，他們一定會讓一個好朋友知道他們去哪一家飯店過夜，這樣朋友可以在晚些時候到飯店好好地捉弄一下新人！

緬甸撣邦以人屍養魚

緬甸有14個邦，或叫省，其中最大的撣邦ShanState，聚居著27個民族，其中人數最多的就是撣族，所以叫撣邦。

撣邦省東枝Taunggyi，因為海拔高所以氣候涼爽，加上萊茵湖的魅力，使它成為近年來緬甸最吸引人的避暑勝地。生活在這深山裡的水上民族有一種行水葬的怪習俗。人死之後，人們將死者的棺木鑿開許多小洞，然後讓其沉入茵萊湖中，目的是讓小魚入棺啃食屍身，以屍體養魚。

撣邦算是緬甸最保有原始味的一個邦，除了行水葬之外，這裡也是傳說中下蠱毒最厲害的地方，所以，男士們可別輕易去招惹此地的姑娘哦！

峇里島「親吻節」

在印尼峇里島上每年舉行一次峇里島的「親吻節」，這在當地被稱之為「半棉蘭」。節日上，即使是青少年也可以和異性親吻。人們親吻並將互相潑水，目的是為了能使好運降臨島上，讓厄運遠離。

到節日那天，青年男女身穿傳統的紗籠裙走上街頭慶祝「親吻節」。但是近幾年，人們在關於親吻時間的長短、親吻是否會違背道德準則等問題上引發了爭議。

因為印尼國會擬定法例草案，禁止公開親吻，公開親吻者可被判5年監禁。

因此，許多單身青年拒絕親吻，只有一些已經結婚的婦女對此樂而不疲。

菲律賓各民族婚姻習俗

　　世界上各個地區、不同民族的婚姻習俗有著很大的差別，菲律賓各個民族的傳統婚姻風俗就存在很大差異。

　　一般菲律賓人多半是自由戀愛結婚。在農村則流行男青年彈吉他用歌聲向他所傾心的姑娘求愛。在戀愛中，男子多贈給女方化妝品、水果、花束等，花的顏色以白色和桃色為佳，茶色和紅色乃屬禁忌之色，結婚儀式都在教堂中舉行。

　　菲律賓穆斯林人的婚姻由父母決定。這裡實行早婚制，少女十二、三歲便被視為已達結婚年齡。男方須通知媒人向女方家庭提出求婚，並交付聘金。

　　婚俗多種多樣，黑矮人的男子求婚，必須以弓箭射穿女子安置在遠處的竹筒，如果沒有射中，說明男子沒有能力養活妻子，就難以達到求婚的目的。

　　巴交人允許多偶婚，婚姻多半由父母包辦。經常是表兄弟姐妹之間互相通婚，堂兄弟姐妹則禁止通婚，如

果有後一種關係的人要結婚，必須做一些「預防」措施和儀式，如將一些貴重物品丟入海中。

居住在北呂宋高山地區的伊戈羅特人的婚約，主要有兩種方式，父母主婚或在女屋裡自由試婚。一般來說，較富裕的家庭，為了使自己的家庭的財產地位不致旁落，在兒女幼年時甚至在母腹中，即由雙方父母作主訂婚。到了十四、五歲時，便正式成婚。

如果婚後一方表示不滿意，只要女方尚未受孕，便隨時可以離開，男、女另找對象並不受人指責。一般家庭則實行自由試婚，試婚時期，如果不能生育，隨時可以分開。

由於這些民族認為結婚的最大目的就是生兒育女，因此，在青年男女正式結婚前，接連試婚好幾次的現象屢見不鮮。居住在菲律賓巴拉望島山區的巴塔克族人，現有5300多人，男女大致各占一半，實行一夫一妻制，但女子並非一生只屬於一個男人。這裡至今仍流行「招標結婚」的習俗。

每逢結婚季節到來的時候，村長就把未婚的男女召集到一起。女的盛裝打扮，頭戴花朵，胸前排著串珠。男的則帶著豬、雞、衣服、現金以及其他物品。當他看

中「心上人」之後，就把攜帶的這些彩禮奉獻到她的面前。女方則根據彩禮的多少，決定「中標者」。

一旦有人中標，數日後即舉辦婚禮。婚禮很簡單，雙方的父母和親戚聚集一堂，以抽紙菸表示祝賀。

如果在日後的生活中出現更有經濟實力的競爭者，她會毫不猶豫地離開現在的丈夫去同新的「中標者」結婚。

因此，對巴塔克族人來説，婚姻關係只是暫時性的。越是讓人喜歡的女子，投標者就越多，妻子投靠的新丈夫，態度也很坦然，感情上沒有什麼不愉快的。

正因為如此，巴塔克族人未曾發生過因婚姻糾葛而引起毆鬥傷人之類的事件。

祭祀時割破喉管喝血的莫切人

　　莫切人是一個很神祕的民族，這個神祕的民族也有一個神祕詭異的祭祀習俗。

　　在莫切人文化中，如果你打下座椅上的枕頭或者頭盔，那麼對方就是你的俘虜。然後在莫切人的活祭中，一個又一個年輕力壯的俘虜被抓住，喉嚨被割破，然後有人拿過一根根管子，從他們被切開的喉嚨插進去，讓他們的血慢慢地流到一個個高腳杯裡，由那些君王和他們身邊的人飲用。

　　這種殘忍的儀式不是憑空想像出來的。美國《國家地理雜誌》的文章說，現在對莫切文明的認識，出自數以千計的陶器上，那是些被稱為精細繪畫的複雜圖案。雖然這些圖像有半數以上與士兵及戰鬥活動有關，卻從未顯示莫切人發動戰爭以征服他國。

　　事實上，在莫切藝術中找不到任何描繪士兵攻擊、防禦和聚集的畫面，也找不到他們俘虜、殺戮或虐待非戰鬥人員的場面。沒有任何圖像顯示一群士兵以有組織

的方式與另一群士兵對抗——也就是兩軍作戰的場面！這些圖案所呈現的是高度風格化的儀式性戰鬥，士兵一對一打鬥，其目的是讓被擊敗的人成為俘虜。

這些不幸的人在戰鬥之後的一項獻祭儀式中，扮演重要角色。許許多多繪畫顯示，囚犯先是被剝去衣服與奪去武器，接下來，他們全身赤裸，頸中拴著繩索，被帶回舉行儀式之處。在那裡，他們的喉嚨被割斷，流出的鮮血由參與儀式的人飲下，最後他們的軀體被肢解。

雖然透過這些圖畫，考古學家已經瞭解了這些儀式如何進行。而且很多學者都相信，這些圖畫不是憑想像畫出來的，但是最關鍵的問題——莫切人為什麼要這樣做？卻沒有人能夠回答。

大約在西元650年，一件奇怪的事情發生了，莫切人大規模地離開他們世世代代生活的家園，不知所蹤。沙漠也開始朝著莫切人的建築物擴張，曾經繁榮一時的莫切人社會，於是消失得無影無蹤了。

就這樣，莫切人的祭祀習俗連同莫切人本身，永遠成為了一個無人能解的謎。

拔門牙切耳朵的馬賽人

馬賽是東非最大的部族之一，也是非洲地區最神祕的遊牧民族。他們主要生活在肯雅南部和坦桑尼亞的中北部地方。

馬賽人身材高大苗條，男子身高大多在180公分以上，梳著一頭細小的辮子；女子皮膚黝黑細膩，明眸皓齒，不過相反的卻喜歡剃光頭。

不過讓人一眼就認出來的，是馬賽人那紅紅的長袍以及脖子上豪豬刺製成的美麗飾物。不僅如此，他們還有許多奇異的愛美方式，這些方式更令人瞠目結舌。

首先就是拔門牙。馬賽人的孩子到四、五歲時要進行「美麗修飾」，那就是門牙要被拔掉，因為馬賽人認為這樣看起來會更美麗。而且拔掉門牙還有一個特別的「好處」，就是當孩子病到張不開嘴時，可以直接從牙洞裡灌藥進去。

然後就是切耳朵。到了七、八歲時，男孩、女孩都要把耳垂切出一個洞來，用木棍或樹葉塞上，為的是讓

這個洞越長越大。長到成人時，耳垂上的洞已經能夠穿過一個拳頭！根據馬賽人的審美觀點，耳垂的洞越大就越美麗動人。

不過這也會造成一些不便，比如趕著牛群在樹林裡行走時，樹枝經常會將耳洞掛住，所以馬賽男子就把耳朵挽起來，如同女人挽頭髮一樣。

馬賽人最喜歡穿顏色鮮紅的長袍，其中女式的叫「肯加」，就是把一塊布一折再一塞，結結實實地勒在身上。這樣隨意的風采看上去才是瀟灑！

據說，穿紅色是為了驅獸防身。對於經常與野生動物打交道的牧人來說，火焰般的紅色就是力量的象徵。怕火的野獸，自然對紅色的人懷有一種敬畏。

也有歷史學家說，馬賽人生活的東非土地都是紅色的，最初馬賽人就是用紅色的赭石塗染衣服，久而久之就以紅色為美了。直到今天，一些時尚的馬賽老太太在穿運動鞋時也會選擇紅色。

不過由於現在野獸數量的減少，許多馬賽人也開始穿上藍色的長袍了。

馬賽人最有名的裝飾品可能就是珠子了，女人們把一顆顆珠子細心地串起來，做成五顏六色的裝飾品，不

論男女都喜歡佩戴這種珠飾。但這種裝飾有著嚴格的等級和年齡劃分，比如未婚的馬賽少女只能戴在耳朵上方。隨著年齡的增加，裝飾也逐漸增多，等到成婚後，珠飾就可戴到耳垂上了。

馬賽人紅色的身影總讓人想到風、想到神。有人說他們是世界上最能行走的人之一，這可能是由於長年累月逐水草而牧的生活鍛鍊了他們。

馬賽人經常步行去離村落數十公里外的市場。為了幫牛群尋找豐美的牧草和水，他們甚至能連續走上5天4夜。在崎嶇不平的草地上，他們1小時所行走的路程是普通人的3倍。

此外，肯雅黑人是世界上最能跑的人，世界各地的馬拉松賽名列前茅的，經常有肯雅選手。馬賽人還擅長跳躍，看他們精瘦的雙腿，動如脫兔、跳如蚱蜢。

馬賽人的立定跳高也堪稱世界一絕，這也是與野獸打交道訓練出來的生存技能。由於他們生活的荒原上常常找不到樹木和山丘，登高眺望便成了一種奢望，於是他們就靠跳高望遠來目測四周的危險。跑得快，跳得高，歷來就是馬賽人對勇士的認定標準。

如今，在一些被開發成動物保護區、農業區的地帶，

馬賽人已經不能自由放牧，乾旱和經濟困難迫也使他們賣掉許多心愛的牲畜……馬賽人的一些獨特文化，也正在逐漸消失。

引牛落海的西班牙小鎮

西班牙東部Denia的沿海小鎮，傳統慶典「Bousalamar」每年都會在此上演。

狂歡者們從保護柵欄後面鑽出來，引誘惱怒的公牛追逐他們，直到人和牛一同掉進海裡為止。然後在一旁待命的救援隊就會駕著小船去將牛救起，接著便繼續這古怪的遊戲。

奇怪的是，當地並沒有人對這個奇特的風俗去追究根源，也沒有人問起它的由來，但是，西班牙本來就是一個以鬥牛聞名的國家，相信引牛落海這一奇怪的風俗也是和他們自身的文化寫照吧！當被圈禁許久的公牛衝出柵欄的那一刻，參加慶典的每個人臉上都會寫著興奮的表情，西班牙這個國家的民族精神裡也充滿了冒險和勇敢挑戰的傳承，或者，對於他們來說，與牛相關的一切活動，都是他們在懷念祖先當年英勇殺敵，最終捍衛自己國土的一種紀念方式。

與象龜生活的毛里求斯人

西印度洋上的非洲島國毛里求斯素以風光旖旎著稱於世，歐洲富豪把它稱為「歐洲的後花園」，美國文豪馬克‧吐溫甚至說「天堂一定是按照毛里求斯的樣子建造的」。

在這個旅遊勝地，不論沙灘、海水、陽光、花木，都散發著獨特的誘人氣息，但最著名、最有特色的，還是島上那些巨大的象龜。

叫牠們象龜真是名副其實，沒親眼見過的人很難想像這些象龜究竟有多大。牠們的體重通常超過250公斤，身長一公尺以上，遠遠望去，像一輛輛小坦克。

為什麼毛里求斯的象龜能長得這麼大？據說象龜的祖先是普通龜，但這些小島與世隔絕，牠們又沒有天敵，覓食也方便，無後顧之憂的牠們「心寬體胖」，便一代一代「進化」成如今的模樣。

不止是象龜，印度洋上許多其他動物也有類似情況，如離毛里求斯不遠的塞舌耳，就曾棲息著一種比鴕鳥還

大的渡渡鳥。

不過，18世紀初西方殖民者的到來讓象龜們遭到了浩劫。據當時的記載，一艘歐洲船會吃掉1000～6000隻象龜。不但如此，「龜油大補」的謠傳也不脛而走，許多商人因此大量捕捉象龜煉油。

後來當地土著也學著殖民者殺象龜。據說毛里求斯的象龜曾被殺得一隻不剩，1769年一個叫馬里恩的航海家從鄰近的塞舌耳島帶來幾隻象龜，把牠們留在這裡，這回島上的人們吸取教訓，不再亂殺亂吃，因此象龜劫後重生，數量逐漸恢復。現在，毛里求斯嚴禁一切象龜和象龜製品出境。

象龜是一種長壽的動物，馬里恩從塞舌耳帶回的一隻象龜一直安詳地活到1918年，僅在毛里求斯就活了149年，據說牠不是老死的，而是在戰火中犧牲的。如今牠的標本陳列在英國倫敦自然歷史博物館。

若是在白天，只能看見零星的象龜，或懶洋洋地散步，或像塊石頭般一動不動地休息。但是到了晚上，牠們就會結伴出動，進行牠們一生中重要的大事：吃飯。牠們的伙食很簡單──草和灌木，這在雨水豐沛、草木繁盛的毛里求斯遍地皆是。

　　每年五、六月間是海龜產卵的好日子，也是毛里求斯最值得一看的勝景。

　　大腹便便的雌海龜會在月黑風高之夜從海裡悄悄摸上沙灘，生下一窩窩白花花的海龜蛋，再用沙小心蓋好。「看海龜下蛋」也成了毛里求斯旅遊的黃金賣點。

　　海龜經常下蛋的地方通常有標誌，還有望遠鏡出租。不過，在看海龜下蛋時，遊客只能在50公尺以外躲在礁石後面看，也不能打手機，因為海龜不能受驚嚇，否則就不下蛋了。

巴基斯坦的舞蛇文化

　　大多數人對蛇敬而遠之，而在印度，有種蛇人則
把牠們當做朋友。印度有蛇廟、蛇村、蛇舞、蛇船賽，
每年還有蛇節。祭拜蛇神是印度古老的宗教儀式，許多
印度教徒會在蛇節那天給蛇神獻上雞蛋和牛奶作為供
品。印度雪拉萊市因與蛇共舞了數百年，被印度人視為
「蛇節」的發源地。

　　每年8月份的蛇節，雪拉萊的市民不分男女老少，
會不約而同到郊外去捕一次蛇。他們將捕來的蛇集中放
置到一座古老的廟宇裡「囤積」。吃過晚飯後，他們就
會來到廟宇裡，爭先恐後徒手捉起一條蛇或數條蛇，步
出廟宇外開始盡情狂歡，與蛇共舞。

　　他們幾乎人人手上都揣著一條蛇，有的人將蛇抱在
懷裡，不停地親吻著；有的人將蛇纏繞在身上，大搖大
擺地邁著方步，像是藉以炫耀自己的膽大無比；有許
多年輕的女性也會把蛇繫在肚臍間，當作美麗的「腰
帶」；還有一些小孩子，只穿著短褲，赤裸著的身體上

倒掛著八、九條紅綠斑紋相間的小蛇⋯⋯儘管眾多人會被蛇咬傷、纏傷，但他們卻引以為豪。這些人認為，被蛇咬、纏了，將預兆著今生今世無災無病。

蛇類在南亞文化中扮演著特殊的角色，也由此誕生了「舞蛇者」這一獨特的舞蛇人群體。千百年來，他們一直活躍著。他們每天走遍大街小巷，幾個大小不一的籃子，一根笛子便構成了他們的全部家當。印度舞蛇人的祖上大都住在深山老林，自然環境讓他們從小就習慣了與毒蛇為友。讓一般人望而卻步的眼鏡蛇、蟒蛇在他們的指揮下，無不俯首聽命。就算是不小心被蛇咬了，他們也會用草藥迅速解毒。

捕蛇是這些舞蛇者的看家本領，每當春暖花開的季節，他們便四處找蛇。舞蛇者們都隨身攜帶著一種類似笛子的獨特樂器，先是用它吹出悠揚的樂曲，讓蛇變得安靜，再用特製的金屬圈套住蛇的脖子，引誘牠將嘴張大，然後以極快的速度將藏在蛇牙後面的毒囊取出。

在巴基斯坦南部地區的街頭，可以看到許多從事舞蛇表演的人。舞蛇者把含有劇毒的毒蛇纏繞在自己的身上，蛇能伴隨著笛子發出的樂聲翩翩起舞，而在舞蛇者的身上根本看不到恐懼，看到的僅僅是陶醉其中的快

樂。據悉，他們大多數是印度教信徒。這些舞蛇者常年在巴基斯坦農村雲遊，生活異常艱辛。

在虔誠的印度教教徒眼中，蛇並非動物，而是通人性的靈物，眼鏡蛇被認為是印度教三大主神之一濕婆的化身。

上千年的歷史，也讓舞蛇者們發展出許多獨特的習俗和儀式。每當他們的家族中有男孩出生，人們便在他身上滴幾滴有毒的蛇液。他們相信這會幫助他生來便具備辨別蛇性的能力，並增強嬰兒的免疫功能。

他們還相信，蛇可以治癒很多疾病。巴基斯坦舞蛇者協會的負責人說：「現在巴基斯坦有56種毒蛇，他們中絕大多數都能分泌出有藥用功能的毒液。」

舞蛇者們除了在街頭賣藝外，他們的另一個副業是賣蛇藥。由於蛇渾身上下都是寶，蛇皮可以做鞋子和皮包，蛇膽可以入藥，因此一些舞蛇者開始走上了販賣毒蛇的道路。

不過，那些堅持古老習俗和傳統的舞蛇者，堅決反對這種「數典忘祖」的做法，他們認為舞蛇者可以用蛇來賺錢，但絕對不可以賣蛇或殺蛇，因為假如世界上沒有了蛇，他們的古老職業也將徹底消失。

在巴基斯坦，舞蛇是合法的行為。不過在巴基斯坦的鄰國印度，獵殺或者利用爬行動物謀生，都是被嚴格禁止的。

隨著歷史的進步，現代生活方式的變化也對舞蛇者的生存帶來了極大的挑戰。常年在街頭從事舞蛇表演的表演者說：「舞蛇是聖人們給我們的神聖生活方式，但是現在人們並不尊重我們，也不給我們鼓勵。」

舞蛇行業在現代文明和科技的衝擊下，如今已呈現衰敗的跡象。動物保護主義者對舞蛇者們的行為也陷入了困境，他們一方面痛恨這些利用毒蛇來表演牟利的行為，另一方面卻又深知這種存在了上千年的生活方式，不可能一下子就消失。

舞蛇者們希望政府能夠出面為他們提供經濟上的扶持，並且幫助他們建立一個居住地和研究中心。一方面可以研究他們這門上千年的生活方式，另一方面也可以研究他們飼養的毒蛇。

而且最近幾年印度政府著力發展旅遊業，全力挖掘本國古老的傳統文化項目，印度雪拉萊市因與蛇共舞了數百年，被印度人視為「蛇節」的發源地，故印度旅遊部門將之列為重點旅遊城市之一。

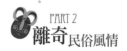
　　印度政府為了禁止蛇皮貿易，1972年後嚴厲打擊街頭耍蛇藝人。或許印度政府意識到一門千年藝術即將失傳。為了保護舞蛇人，政府即將推出「舞蛇人培訓」計畫。

　　參加過政府培訓的舞蛇藝人將正式成為國家動物園的馴獸師，被冠以「爬行動物專家」的頭銜。舞蛇人將向來動物園參觀的孩子們講解野生動物的趣聞和叢林生活。此外，政府將建立「舞蛇人專線」，為市民捕捉爬進家中的蛇。

使用哨語的非洲土著

非洲西北部的金絲雀（Canary）群島地形陡峭，島上的居民多以放牧為生。這些牧羊人在驅趕羊群時，慣用的口哨聲被專家學者們稱之為「哨語」。

哨語之所以能夠在該島居民的語言中發展壯大，主要因為當地特殊的地形地貌和生活傳統。島上多呈丘陵地帶，山丘林立決定了從事放牧的土著居民在進行溝通時，必須使用可以傳播更遠的語言工具，哨語就此應運而生。據稱，當地中氣充足的居民發出的哨聲可以傳出10公里之遠！

土著居民所使用的哨語，引起了研究語言形成過程的科學家們的關注。專家聲稱該島所獨有的口哨技法是一種類似口語的語種，其形成過程顯示了人類大腦將聲音通譯為語言系統的通融性機制。

這一研究成果已經形成論文並在《自然》科學期刊上發表。美國華盛頓大學的心理學副教授大衛·寇里納（David Corina）也表示：「通常人類大腦有專門辨別區

分語言的專區，現在我們正在研究這一區域的具體範圍，包括將聲音訊號轉譯為語言的功能區間。」

金絲雀群島上的土著居民使用的語言類似西班牙語，其間摻雜了大量稱之為希爾伯（Silbo）哨語的單字，它們的顯著標誌是母音被不同頻率的哨聲所取代。

作為早先西班牙的殖民地之一，島上「Silbo」哨語一詞正是由西班牙語中「sil-bar」（吹口哨）這個單詞演化而來的。

雖然金絲雀群島上所流傳的哨語有著明顯的西班牙語烙印，但是從中依稀可辨非洲大陸相關土語的痕跡。時至今日，巴布新幾內亞、塞內加爾墨西哥、圭亞那、中國、尼泊爾、越南以及南歐的一些多山國家的民族中仍然保留著哨語元素，據相關統計達到70種之多，其中的12種具有科學研究的價值。

因此，哨語的研究分類就變成了一門艱深晦澀的學科。就金絲雀群島上土著居民使用的源於西班牙語的哨語，大致可以分為4種類型，其中關於5個母音的替代哨聲又要細分為2種變調。

較之通常語言學概念中的口語而言，哨語的分類標準更加模糊曖昧。這也是該種語言難以辨別和傳播，一

直只能局限於在當地使用的原因。

　　從1999年開始，金絲雀群島的小學開始了哨語的普及教育，為的是使這門古老語言不會因其生僻、難以掌握而失傳，當地官員還把申請聯合國教科文組織的世界文化遺產，納入該語種的保護工作中。

非洲人愛用「樹枝」刷牙

在撒哈拉沙漠以南的非洲大陸，很多人一天生活的開始，就是從一根小小的棍子或者樹枝開始的，他們將這些細長的樹枝含在嘴裡，不停地咀嚼，以清潔他們的牙齒。

這些從樹木上砍下來的樹枝就是當地人的牙刷。在塞內加爾，這種樹枝被稱為「索索」，在當地語言中的意思就是「清潔」。

在東非，這種樹枝被稱為「馬斯瓦基」，在當地斯瓦希裡語中是牙刷的意思。

很多當地人説，這些「樹枝牙刷」不僅可以讓口腔保持衛生，而且還有藥效，能治療多種疾病。名叫「韋萊克」的牙刷是從橡膠樹上砍下來的；至於汁液更濃的「尼普尼普」牙刷則有助於緩解牙痛。

實驗室研究也顯示，一些樹枝牙刷的樹木中的確含有可以保護牙齒的抗菌化合物。

此外，每種樹枝牙刷也有不同的講究和淵源。比如

說，一種名為「馬圖科爾」的樹枝牙刷據信能給人帶來好運；一種名為「索姆普」的樹枝牙刷則能給人能量。

而且當地人認為，這種「樹枝牙刷」不僅比包裝精美但價格不菲的護牙用品更好，而且它還是天然產品、價格便宜。

在一些貧困國家，很多民眾都買不起普通的牙齒護理產品。為此，世界衛生組織已經鼓勵在一些貧困國家使用「樹枝牙刷」。

吃土的食土族

　　有吃土一族嗎？有，還不少。在海地一些地方，人們有吃泥餅的傳統。他們認為人是離不開土地的，所以需要從泥土中獲取營養和精神。

　　海地最好的土來自中部一個叫安什的地方，市場上10美分可以買5個泥餅。

　　瑞典、芬蘭等國家的一些民族也有吃土習俗。西伯利亞人在不得不背井離鄉時會做一些泥球，一邊走一邊啃，表達對故鄉的思念之情。

　　在非洲撒哈拉以南，西起幾內亞灣、東到印度洋的廣大地區，許多黑人都有吃土的傳統。

　　在東非坦桑尼亞當地市場裡，蔬菜水果攤上會有大筐大筐的泥條，是用紅泥做的，因為坦桑尼亞的土地是紅色的。這些泥條是給孕婦補充營養的，據說孩子也吃泥棒，不過成年男子不吃。

　　食土之所以能在世界各民族文化中世代相傳、延綿不絕，恐怕是因為它既能滿足人們心理上的慰藉，又能

補充體內某些礦物質的需要。其實非洲人吃土是個古老習俗，是千百年來適應大自然的結果。

南非人做過研究，發現土壤中含有65種人體需要的元素。在非洲一些地區，人們正是用黏土來治療痢疾、霍亂等疾病。

當然，並不是所有的土都能吃。當地人挖開土層，取數公尺以下的紅色土壤，拿回家後挑出小石子和雜草等雜質，再用水和成軟硬適中的細長條，用刀切成段，然後用火烤乾，這樣可以殺死病菌。

坦桑尼亞的鄰國肯雅也有吃土風俗。他們把要吃的土摻進日常所吃的木薯、玉米、馬鈴薯、香蕉飯當中，然後一起吃下去。在非洲，找土、摻土的配方是許多部落和家庭的祕密。

然而如今，在非洲城裡人吃土的越來越少，一來求醫問藥相對方便，二來在城市尋找合適的土源也並非易事，但在廣大鄉村，食土不僅能滿足人們心理上的慰藉，又能補充體內某些礦物質的需要，所以這種習俗也不會在短期消失。

夏威夷族人的死亡毒咒

　　在夏威夷，每當遊客來臨時，夏威夷的旅遊局都會在告示板寫上「切勿取走夏威夷境內任何沙石」，許多遊客都只以為是環保原因，不要破壞大自然環境而已，但其實是因為夏威夷族人的一個毒咒！

　　話說幾千年來，夏威夷都是一個印第安王國，直到昔日白人入侵，夏威夷的其中一位被殺皇族成員，在臨死時下了詛咒──「任何取走夏威夷土地的人，必沒有好下場！」而取走土地也包括了後來遊人取走的石頭和沙，因此每年都有很多遊客受害。可以說，夏威夷的沙石是旅遊中最危險的物品。

　　當地人說每個取走石頭的人，所受的懲罰都不同。有人在不知道毒咒的情況下取走了夏威夷石，結果旅遊回來時發現照片全部沖洗不出來，後來知道這毒咒後便將石頭寄回。

　　可是若是明知故犯的，結果就最慘。其中有一對夫婦遊完夏威夷，並在火山島取了一塊石頭回美國。他丈

夫知道有毒咒但不相信，怎知道回家當天就在街角被汽車撞死，於是太太慌忙把石頭寄回夏威夷旅遊局。

　　另一個是一個年輕人在夏威夷取了一瓶沙子，回到家一星期後，駕車時忽然眼前一黑，撞車了，雙腳斷了。他朋友到醫院看他時，即問他是否取了夏威夷的沙石，於是馬上把它寄回。原來在美國不少人也知道這件事，只是有些不信邪而惹禍！

　　旅遊局每天都收到到來自各方的石頭，它們都是被旅遊人士偷走，發生事故後寄回，而且寫下他們發生什麼事。所以，勸告你，若是去夏威夷旅行可千萬記得不要隨意帶回沙石。

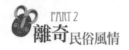

丹麥飯桌上不成文的習俗

如果在中國，你在朋友請客的酒席上酒足飯飽之後猛打飽嗝，那證明你夠朋友。

特別是在朋友家裡吃飯，朋友的妻子或者老公一定非常滿意你的表現，因為至少說明他或者她的廚藝很受你腸胃的歡迎。可是在丹麥的飯桌上，打嗝是個很不禮貌的舉動。

在丹麥人的餐桌上有個不成文的習俗，就是「憋死也別打嗝」！如果你實在憋不住打了，就必須要對在場的人說：「對不起」。

因此，知道這個習俗後，你就會明白很多吃完飯的丹麥人十分扭捏作態，原來他們正在使勁地憋住自己的飽嗝。

或許丹麥人從小就受教育，出門吃飯的時候最多只能吃七分，絕對不能吃太飽，一飽就容易出洋相，所以才會有了現在餐桌上這樣一個不成為的習俗。

把在大庭廣眾之中打嗝，提高到了在大庭廣眾之中

放屁的嚴重程度,是丹麥特有的現象。

　　不過,和中國人遮遮掩掩著剔牙的習慣相反,有些丹麥人吃完飯之後就張開嘴巴,咧著牙齒剔牙,倒是一點也不忌諱。

世界上千奇百怪的醒酒方法

全世界都認為酗酒是有百害而無一利，破財不說，還傷身子，因此有的國家還制定並頒佈了禁酒令，試圖禁酒。

可是禁酒令又有何用呢？再說，假期裡趕場參加派對，官場和生意場上，都免不了需要喝酒應景。

但要是酒喝多了，宿醉的滋味可不好受。歷史上就對酒情有獨鍾的俄國人，循規蹈矩的英國人，神祕莫測的日本人，皮膚黝黑的非洲人，還有別的一些民族，幾乎每個國家在民間都有自己世代沿用的傳統解酒藥物。

不拘小節的埃及法老喝醉之後躺倒在煮熟的白菜上。而全世界的水手都說，只需喝下一杯鹹海水便能解除宿醉之苦

挪威人醉酒後喜歡空腹喝下一大杯濃濃的煉乳，這主要是因為油脂可以調整好體內中毒部分的功能，使胃能蒙上薄薄的一層保護膜。

德國人和斯堪的納維亞半島上的人認為，只要用加

上蔥和澆上優格以及優酪乳油的醋漬魚做下酒菜，喝上兩、三杯啤酒便可解酒。

斯堪的納維亞半島還特別流行用鯡魚加甜菜和沙拉子油做的沙拉喝啤酒，他們這樣做還有一定的科學道理，因為醉酒的人難受主要是因為身體脫水，而啤酒中的95%都是水。

講究飲食的法國人喜歡喝下一盤浮著一層油的蔥湯，義大利人則喜歡吃下一盤只加番茄醬而不加任何肉、蔥和油脂的通心粉。而瑞士人比較傳統一些，他們往往是喝下一小杯加幾滴薄荷酊的白蘭地。

匈牙利是個只有1000萬人口的小國，這個國家每年得銷售2億枚氣泡式維他命錠。這是一種水果口味的維他命C片，能提神。世界上的所有國家無一例外都用柑橘汁當醒酒藥物，純汁加酒、咖啡和可口可樂。

因為同樣的目的，喝多了的日本人一睜開眼便吃香蕉，英國人則強令自己吃下一盤黏糊糊的燕麥粥。

泰國喝醉酒的人早上起來會吃一碗又辣又燙的湯麵。

歐洲人喝用蒲公英的根煎成的茶水，這種茶水味苦卻相當有效。

蒙古人醉酒後，早上會喝一碗裡面漂著醋漬羊眼睛

的番茄汁，這在別的民族恐怕就不太敢嘗試了。

　　東南亞的酒鬼解酒用針療，亞洲人還用大拇指按手掌心來解除噁心和頭疼之苦，反覆3、4次，每次持續1分鐘，然後換另一隻手掌。

　　美國人喜歡早上醒來後喝半加侖（相當於兩升）的葡萄柚汁，然後再躺一下，很少有人喝下這麼大量的飲料後還能睡多長時間。不用說，美國最普遍的醒酒藥物還有各種各樣的雞尾酒，尤其是一杯番茄汁加50克龍舌蘭酒的血瑪麗。

　　喜歡異國風味的人還可以去吃賈薩，一種據說有特效的塞內加爾菜。這是一種由同等比例的雞塊、切成塊的檸檬和蔥拌在一起的食物，拌好後放在冰箱裡擱一宿，第二天同辣椒一起煎成金黃色，然後同米飯一起食用。

　　中美洲加勒比海諸島國的醒酒方法更新奇。比如，波多黎各人就用小半個檸檬來塗擦腋窩。而海地人的醒酒法還帶有些迷信色彩，他們會將盛過酒的空瓶子找來，往瓶塞上紮13枚黑針頭的大頭釘。

禁止親吻的國家

　　現在科學已經證明經常親吻可以穩定人體心臟血管活動，可以防止高血壓，可以降低膽固醇，可以全面提高人體的健康水準，甚至還有人認為親吻能達到護齒、美容、減肥、止痛、緩解壓力、放鬆心情等功效。而親吻對大多數人來說，是一種表達友好和愛意的方式，但是在不同國家、不同的文化影響下，親吻的意義也所不同。

　　浪漫的法國人以法式熱吻而聞名，人們經常在電影畫面上看到他們奇異的親吻技巧，這已經成為了一種特有的文化。

　　然而在傳統的東方民族，人們認為「男女授受不親」，在公開場合應該避免激烈的身體接觸，而且在東方的很多國家內，親吻是一種初級的性行為。

　　在很多伊斯蘭國家，由於宗教的原因，男女也不能在公共場合親吻。在埃及、摩洛哥和突尼西亞等國家，還沒結婚的情侶在街上親吻是被視作一種羞恥的事情。

　　還有一些國家，在公共場合親吻不僅是一種道德上的褻瀆，而是一種違法的行為，會受到法律的制裁。

　　在印度新德里，當街親吻的代價越來越「貴」了。1935年，當地政府就規定對「非法使用公共場所」的的人處以50盧比，而現在的罰款已經高達500盧比。

　　在印尼，世界上最大的穆斯林國家，在街上親吻超過5分鐘的話就會被捕。這項措施對夫婦和情侶同樣有效，據說這是當地反情色法所規定的，該法規對在公共場合表達愛意有嚴格的限制。

　　在馬來西亞，只有遊客可以當街親吻，但也最好不要太激烈。這裡的伊斯蘭法規禁止未婚的情侶在公共場合牽手或者親吻，但是對非穆斯林人則沒有限制。

全球各地怪異的求婚方式

在全球各地，不同地區、不同民族有許多奇特有趣的求婚方式：

在英國的約克市，小夥子如果要求找某個女孩子作為自己的伴侶，是比較容易的。因為該市的女子，到了結婚年齡，會特地穿上不同顏色的緊身衣服，向男子示意。

如果是穿綠色，就表示：「來吧，通行無阻」、如果穿黃色，則表示：「可能，機會是一半」；如果是紅色，那表明：「停止，不要碰我！」

在義大利的西西里島，男女求婚，主動權往往操縱在女子手裡。如果女子在一個男子面前把頭髮打了一個尖結，那就表示：「你被我獵取了。」

墨西哥的男子，如果愛上了一個女子，他會聘請樂隊到女子的窗下奏小夜曲，表示求婚，有時可以從半夜唱到天亮

美洲北部蘇里南的印第安人，把雪茄作求婚的媒介

物。如果小夥子愛上了一位女孩，便告訴自己的父母，選定一個吉日良辰，親自到女家，並把精心製作的雪茄贈送給女家，表示男方求婚的誠意。如果女方的父親欣然接受，這門親事就算成功了。

在坦桑尼亞的帕雷族中，如果男生看中某個女生，男方就選擇日子，帶著一個寬瓷罐到女方家。女方如果同意，便把瓷罐留下，否則就退回男方。

阿富汗的某些部落，當一個小夥子愛上了一個女孩時，他會到女方的住所前對空鳴槍，表示：我愛你。

離奇古怪的婚禮

如今奇特的婚禮真不少，儀式各式各樣，讓人看了目不暇接。

然而在古代，一些離奇古怪的婚禮更是讓人瞠目結舌，望而卻步。

在古老的亞洲，藏族人喜歡在新婚男女身上潑灑牛油，以此祝福小倆口將來過著甜蜜富足的生活。

出於同樣的好意，英國人則習慣往新郎和新娘頭上灑麵包屑，美國人則喜歡灑米粒。

在古印度的婚禮上，除了牧師之外，不准有男士出席，所以當天連新郎也只能躲在幕後，眼巴巴地想像著自己漂亮新娘的模樣，而有些遠道趕來慶賀的親屬直到婚禮進行完還不知道新郎究竟是誰！

在古代波斯（今天的伊朗），舉行婚禮的男女須當眾割破手臂，互飲鮮血，以示對對方愛情的忠貞。

古羅馬人習慣在婚禮之前宰殺一頭牲口，然後開膛破肚看看裡面有沒有「不祥之物」，直到確信「沒

有」，婚禮才可以正式開始。

在古代英國，新娘總是穿上自己最漂亮的衣服出席婚禮，而新郎則全身上下一絲不掛！

在亞馬遜河流域的古印第安部落，新娘會在婚禮上朝新郎臉上吐口水。據説這是當時最流行的示愛方式，也許它就是現代新郎親吻新娘儀式的雛形吧！

在威爾士以北的農村，新郎和新娘須雙雙跨過一把架在兩個板凳之間的掃帚，如果有一方沒有跨過去，那麼婚禮就只能泡湯了。

在古代西非的尼日利亞，女孩子一旦訂婚，就得大吃特吃，讓自己變胖，否則婆家便會很不滿意。當地人認為，娶個富態的老婆回家會給男方家族帶來好運，所以如果結婚時，新郎覺得新娘不夠胖，則可以當場取消婚禮，打道回府。

生活在東非大草原上的馬薩伊部落則規定，婚後一個月內，新郎只能穿新娘的衣服，因為這樣可以好好的「瞭解」新娘。

昂格魯‧薩克森民族認為，結婚是一場賭博，賭注就是娶進門的新娘。因此，新郎在結婚時會給新娘家人一筆錢，象徵從此以後家族興旺，全都繫在了這個女人

身上。

　　如果新娘在第一年內沒有懷孕，那麼娘家人就必須在年底將錢如數還給男方。

215

世界奇趣的離婚風俗

世界上各地各民族有許多奇異有趣的離婚習俗。

在黎巴嫩，在傳統的家庭中，女人出門前先要徵得丈夫的同意。如果有朝一日不想要妻子，待妻子出門前徵求他的意見時，他只需說「快去，別回家了」，便等於宣告離婚。

在阿富汗，如果女方提出離婚，那麼她再嫁人時，她的再婚丈夫要付給前夫兩倍當年婚禮費用；如果是男方提出離婚，女方重新嫁人時，新郎丈夫則要和數償還前夫與妻子當年的婚禮費用。

在多哥，男女雙方感情破裂，便到當地部門申請，並各自請管理人員將頭髮剃去一半，將剃下來的頭髮互相交換。

在厄瓜多爾安第斯山區，夫妻反目離婚，皆要絕食三天。到第四天早晨，到該地一位年長者處接受「檢驗」是否真的有氣無力，如果真的，分手也是真的；如果是假的，這位年長者會下令：永遠不准離。首次離

婚的女子，須單身5年後才允許再婚；第2次離婚的女子，須單身8年後才允許再嫁；凡3次離婚的女子，終身不准再嫁。這個法規沒有規定男人離婚的次數和時間限制

　　在薩爾瓦多，夫妻感情一但破裂，可到當地管理處申請登記，然後購買一頭牛，宰殺後請雙方親戚朋友前來聚餐一頓。餐畢，夫妻雙方面面相視，各自用手打對方十記耳光，美其名説是「記住最後的痛苦」，這樣就宣佈離婚了。

最具「女人味」的九個國家

在這個男人主導的世界裡，也有一些國家在社會、文化、歷史等方面顯示出比較濃重的「女人味」特徵。

1、英國

英國歷史上男性英雄人物不少，但是在國王中卻有三個是女王：伊莉莎白一世、維多利亞和當前在位的伊莉莎白二世。

英國是一個有著「女王情結」的民族，他們喜歡在女王統治下的那種溫柔的感覺，這種感覺可能是幼年時期戀母情結的延續。

2、加拿大

同樣是一個緯度很高的國家，加拿大的女權運動範圍之廣令人咋舌。

1999年，加拿大還發生過一起因為抗議男人可以裸露上身，女人為什麼就不可以！而發動的女權運動。

加拿大人與北歐人、荷蘭人一樣，屬於世界上體格最健壯的民族，這和他們的女性地位高有一定關係，因為母親對子女的生長發育影響巨大。

3、荷蘭

荷蘭歷史上女王累計在位時間比男性國王還長，這在世界歷史上是絕無僅有的。

16世紀荷蘭國家形成之前的勃艮第公國時代，荷蘭就出現過連續由三位女總督統治的情況。從1890年起，荷蘭又連續由三位女王統治，一直持續到現在。這恐怕是世界上最習慣由女人統治的民族了。

4、瑞典

這是個名副其實的「女權國家」。2000年，瑞典與它的北歐鄰國芬蘭一起被聯合國評為世界上男女平等的「模範國家」。

瑞典的議會中，女議員的比例約占40%，在1986年，瑞典的32個部長中一度由女性佔據了其中的16席。而瑞典婦女在社會活動中比男人更活躍，據統計，在瑞典的對外貿易活動，女人創造的價值占了近60%。

5、挪威

與她的北歐鄰國瑞典一樣，同享「女權國家」的聲譽。除了在議會中，在談判桌上與男人一較高下之外，她們在其他領域領域也不甘落後。

挪威女性的吸菸率與男性基本上差不多，而女子足球的註冊會員甚至超過男子足球。

在北歐旅遊的人，往往會發出一種感歎：「這裡的男人都到哪裡去了？」

6、紐西蘭

2000年，紐西蘭憲法規定的五個最高職位：國王（由英國女王兼任）、總督、總理、議長、最高法院院長均由清一色的女人擔任，以至令世人驚歎南太平洋上出現了一個「女兒國」。

事實上，紐西蘭的女權歷史悠久，1893年，紐西蘭的婦女就獲得了選舉權，是世界上第一個給予婦女選舉權的國家。

7、委內瑞拉

這是個最負盛名的盛產美女的國度，它的人口只有

2400萬，卻每年總能夠在世界各類選美大賽中披金戴銀。

相反，南美洲的男人魅力是要在足球場上顯示出來的，但委內瑞拉的足球卻總在南美洲的比賽中吊車尾。

8、拉托維亞

拉托維亞是世界上最缺少男人的國家，2000年人口普查顯示，拉托維亞的女性人口比男性多出17%。

有專家分析後認為，這個波羅的海沿岸小國的水土和氣候，可能更適合於女性胎兒和嬰兒的存活和成長。

不過拉托維亞的夏娃們在擇偶時，則要面臨比其他國家的女性更狹隘的選擇。

9、冰島

有人最過研究，認為在南北緯20度左右的國家和地區婦女地位最低，而緯度越高，則婦女地位越高。

這個分析頗有幾分道理，在氣候暖和的地方，往往農業文明形成較早，父系制的宗法社會觀念也越根深蒂固。

　　而在北極圈裡面的冰島，女性地位突出是它的特色
之一，畢竟這個在歷史上長期以捕魚、採集、加工為生
的冰火島上，誰比誰更強呢？

i-smart

智學堂

智慧是學習的殿堂

★ 親愛的讀者您好，感謝您購買　讓人驚奇的
　世界民俗風情　這本書！

為了提供您更好的服務品質，請務必填寫回函資料後寄回，
我們將贈送您一本好書（隨機選贈）及生日當月購書優惠，
您的意見與建議是我們不斷進步的目標，智學堂文化再一次
感謝您的支持！
想知道更多更即時的訊息，請搜尋"永續圖書粉絲團"

您也可以使用以下傳真電話或是掃描圖檔寄回本公司電子信箱，謝謝！

傳真電話：　　　　　　　　　　電子信箱：
（02）8647-3660　　　　　　　yungjiuh@ms45.hinet.net

姓名：＿＿＿＿＿＿＿＿　○先生　生日：＿＿＿＿＿＿＿　電話：＿＿＿＿＿＿＿
　　　　　　　　　　　　○小姐

地址：＿＿＿＿＿＿＿＿＿＿＿＿＿＿＿＿＿＿＿＿＿＿＿＿＿＿＿＿＿＿＿＿

E-mail：＿＿＿＿＿＿＿＿＿＿＿＿＿＿＿＿＿＿＿＿＿＿＿＿＿＿＿＿＿

購買地點（店名）：＿＿＿＿＿＿＿＿＿＿＿＿＿＿　購買金額：＿＿＿＿＿＿

職　　業：○學生　○大眾傳播　○自由業　○資訊業　○金融業　○服務業　○教職
　　　　　○軍警　○製造業　○公職　○其他＿＿＿＿＿＿＿＿＿＿＿＿＿＿

教育程度：○高中以下（含高中）　○大學、專科　○研究所以上

您對本書的意見：☆內容　　　　　○符合期待　○普通　○尚改進　○不符合期待
　　　　　　　　☆排版　　　　　○符合期待　○普通　○尚改進　○不符合期待
　　　　　　　　☆文字閱讀　　　○符合期待　○普通　○尚改進　○不符合期待
　　　　　　　　☆封面設計　　　○符合期待　○普通　○尚改進　○不符合期待
　　　　　　　　☆印刷品質　　　○符合期待　○普通　○尚改進　○不符合期待

您的寶貴建議：

智慧是學習的殿堂

永續圖書線上購物網
www.foreverbooks.com.tw